2021
中国人身保险产品研究报告

北京爱选信息科技有限公司
中国财富网
北京大学数学科学学院金融数学系
中国财富研究院
·著·

新华出版社

图书在版编目（CIP）数据

2021中国人身保险产品研究报告 / 北京爱选信息科技有限公司等著
-- 北京：新华出版社，2021.11
ISBN 978-7-5166-6119-2

Ⅰ. ① 2… Ⅱ. ①北… Ⅲ. ①人身保险－研究报告－中国－2021
Ⅳ. ① F842.62

中国版本图书馆CIP数据核字（2021）第232020号

2021中国人身保险产品研究报告

作　　者：北京爱选信息科技有限公司等

责任编辑：田丽丽　　　　**责任校对：**刘保利

出版发行：新华出版社
地　　址：北京石景山区京原路8号　　　　**邮　　编：**100040
网　　址：http://www.xinhuapub.com
经　　销：新华书店、新华出版社天猫旗舰店、京东旗舰店及各大网店
购书热线：010-63077122　　　　**中国新闻书店购书热线：**010-63072012

照　　排：华兴嘉誉
印　　刷：河北鑫兆源印刷有限公司

成品尺寸：170mm × 240mm
印　　张：15.75　　　　**字　　数：**174千字
版　　次：2021年12月第一版　　　　**印　　次：**2021年12月第一次印刷

书　　号：ISBN 978-7-5166-6119-2
定　　价：48.00元

序　一

今年是“中国人身保险产品报告”系列出版的第四年。该系列报告已然成为保险行业忠诚的见证者与纪实者，在产、学、研、消等多领域产生了重要影响。

2021 年是全面建设社会主义现代化国家新征程的开启之年，中国保险业也蓄势待发、寻求突破。当前，消费者对购买保险产品的热情不断提升，我国已成长为全球第二大保险市场，但保险深度仅为 4.45%，相比于 7.3% 的世界平均水平，仍存在较大增长空间。随着我国经济社会的高质量发展，助力民生保障、服务实体经济是保险业发展的必由之路。国家“十四五”规划纲要中明确提出“发展多层次、多支柱养老保险体系”“积极发展商业医疗保险”，为保险业未来发展提供了明确有力的政策指引。

保险行业能否调整并适应新的时代变化，是业界最为关注的问题。突如其来的新冠肺炎疫情对经济带来了严重冲击，保险业传统“开门红”节奏被打乱，2020 年初新单业务受损，但同时倒逼线上展业营销，再次促进科技与保险的融合，推动保险业主动寻求出路，在转危为机的同时实现质变升级。我们注意到，老龄化、失能化、空巢化、少子化的人口特征日益显著，为养老保险、健康保险、健康管理服务等带来发展契机，我国人身险市场迎来历史性机遇。我国正处在构建“双循环”新发展格局的关键时期，保险业应充分把握服务经济本源，并坚持开放市场、不断提升跨境服务能力。同时，应加强数字化转型，用科技赋能保险，并完善金融保险科技监管体制。

该系列报告每年统计更新相关指标数据，并对当年保险产品行业的创新点着重分析研究，长期坚持下去，清晰地展现出保险产品的设计变化以及发展趋势。

总体来看，该系列报告具有如下特点：

一是在“不变中求变”，具有较好的创新性。“不变”的是日复一日的基础性建设工作，是研究者笃学务实的态度与为行业贡献的初心。“变”的是研究不断深入的洞察力与创新力。今年的专题报告涉及“精算评估”“糖尿病产品”“健康保险关联的重大卫生管理动作简议”“健康管理与互动式保单”和“重疾定义与新发生率研究”五大块。从参与者的数量到内容的广度，都体现了报告有着越来越强的包容性。

二是紧跟市场最新动态，具有很强的时效性。四年来，人身险市场发展迅速，原保险保费收入从 2017 年的 21456 亿元上升到 2020 年的 33329 亿元，年均复合增长率 11.64%。各公司在精算定价、数据分析、服务质量与效率提升方面均有所突破，更有能力去探寻城市普惠险、老年医疗险、优选重疾险等新形态。该系列报告紧跟人身险市场不断发展的步伐，确保内容的针对性和时效性。

三是已成为保险行业整体创新的助推器。创新是一个行业突破自我、避免“内卷”的重要途径。该系列报告很好地为行业提供了观察市场整体动态和发展走向的机会，对市场热点问题的追踪与研究也为行业创新提供了新的思路与可能。始终致力于为保险行业发展提供建设性观点，为人身险产品创新提出价值性建议，推动和完善人身险市场健康可持续发展。

四年的坚持，报告团队让我们见证了砥砺奋进的坚韧和精益求精的匠心。衷心希望该系列报告展示的智力成果能被更多的业界人士熟知和应用，为中国保险业的持续健康发展凝聚起更充沛、更强劲、更持久的力量。

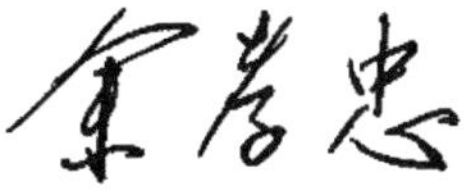

新华社总经理室常务副总经理

中国财富传媒集团党委书记、董事长、总裁

序　二

近年来，中国人身险市场逐步迈入高质量发展阶段，监管层对其重视程度愈发加强，治理政策陆续出台。在新冠肺炎疫情的发展趋势仍然具有很大不确定性的背景下，人身保险业在面临挑战的同时也恰逢机遇。一方面，人身险市场既面临渠道冲击，也亟待产品升级，从而充分发挥其保障功能来推进社会保障体系的建设；另一方面，现实场景教育促使人们提高风险管理意识，增加对健康保险的需求以及风险转移的思考，从而意识到风险保障的价值。在此之际，《2021 中国人身保险产品研究报告》（以下简称《报告》）的面世具有一定的积极意义，我也很高兴今年继续参与了这项基础性的研究工作。

“以小见大”，人身险的发展与消费者的需求以及科技的发展水平息息相关。以重疾险为例，重疾险的基本责任由最初单一的重疾责任逐步扩展到如今“重中轻”症的主流形态，部分产品还增加针对老年人高发疾病或高费用疾病的额外给付责任等。这些形态的变化是人们保障需求在保险产品上的映射，而需求的落地也对保险公司的风险识别与计量提出更高的要求。保险科技产业在此背景下应运而生，助力保险业的发展和创新。爱选科技长期致力于将精算和人工智能技术在保险业的生产、销售和风控环节实现落地的应用，其长期坚持开发维护的人身险产品库既是科技与保险的融合成果，也是开展基础研究的重要支撑。

爱选人身险产品库由精算专业人员长期维护、扩充及优化，现已涵盖上千款产品，涉及多类险种。产品库结合风险管理、精算等各方面的专业成果，通过严谨的产品责任拆分原则对保险产品进行基本处理及统计分析研究，为人身险报告系列奠定了扎实的数据基础。《报告》延续了2020年报告的框架，大体上分为总报告、分报告及专题报告三个部分，其中分报告对各类产品进行数据统计，共覆盖了定期寿险、终身寿险、重大疾病保险、年金保险、万能保险及中端医疗保险六类人身险险种。《报告》通过从各类人身险产品的报备情况、保险责任及产品价格等多个维度展开，全面而系统地梳理了2020年中国人身险产品的变革及市场发展现状。

与往期相比，今年的专题报告部分新增了“2020年人身保险各类典型产品精算评估分析概况”报告，从更专业的角度解读产品；北京大学数学科学学院金融数学系的研究团队在本次报告中也针对政策性热点进行深入的分析讨论，使报告总体内容更加充实，实现了优势的传承和新市场环境下的创新。对于保险从业人员而言，《报告》是一本数据翔实、内容全面的工具性手册；对于保险消费者而言，《报告》是了解人身险产品市场、指导消费决策的参考依据；对于保险、精算相关专业的学生而言，《报告》也是理论联系实际、架起课堂学习与市场实务的桥梁。

在经济社会环境瞬息万变的时代，“回归保障”应当是人身保险产品始终不变的坚守，而扎实的研究是其背后不可或缺的支撑。我很欣慰有机会与一群志同道合者继续坚持这项基础性的工作。在经历数十年的快速增长后，保险业在服务理念、运行程序、方法技术方面很容易形成一种定式思维，保险产品的形态设计也逐步难以跨越现有的框架。从社会学和人类学的角度来看，这种制约将使得保险系统不断的复杂化，最后会陷入“内卷”的困境中。而产品的创新发展需要对已有的承保责任进一步打磨，只有充分了解当前的产品动态不断深入思考和积累，才能够有效把握创新的方向。《报告》将市场上的产品进行精细化的整理，详细解读产品各项责任的变化趋势，为行业的保险产品创新提供了坚实的基础。我希望借此绵薄之力帮助从业者不断开发和优化真正契合当前消费者需求的产品，也希望《报告》可以帮助消费者更好、更正确地认识人身险产品。相信通过我们的不断努力，未来中国保险业的发展会更加行稳致远。

北京大学数学科学学院金融数学系主任、教授

序　三

不知不觉中，随着《2021 中国人身保险产品研究报告》的付梓，该系列报告已经走过了四年。随着时间的沉淀，报告在业内的知名度与影响力在不断增加。坚持是不容易的，常为新更不容易。为了不负期望，坚持有意义的产出并切实长期服务于保险行业，更进一步结合市场情况与读者需求，产品报告项目组一直求新、求变、求突破。总结一下，今年的报告主要有以下几点变化：

首先，主观部分与客观部分相分离。客观市场情况的统计是我们报告的核心，本次产品的统计分析独立成章，报告结构更加清晰化。每年撰写报告的前提均是近千款人身险产品的信息处理工作，项目组对每一款产品均进行专业化、标准化的信息处理。因此，产品责任的统计分析是本报告的重点与亮点之一。报告结构的升级使得项目组可以在这部分投入更多的精力，统计分析更加细致与精准，充分发挥人身险产品库的数据优势。

其次，报告增加人身保险各类典型产品的精算评估分析专题报告，对产品从会计、偿付能力和价值等角度进行成体系的测试分析，进一步丰富了报告内容并提升了专业性，受众群体更加广泛。我们期待随着这个板块的加入，以后可以从价值的角度重新审视产品的变化。

最后，专题报告还密切跟进行业热点问题，充分提升报告研究的广度。今年报告分别就糖尿病保险、医疗政策影响、健管服务与互动式保单以及重疾新定义新发生率等方面展开深入探讨，对近年几个热点话题进行了覆盖。

整体来看，报告的结构升级使得产品研究更加有深度、有广度、有重点且有亮点。

四年来，报告的变化也见证了爱选科技的发展足印。爱选科技自成立以来一直致力于真正服务保险行业，坚持深耕老年人、带病体、全人群互动式保单等全新商业领域，并始终保持与国内外知名学术机构的研究合作，主要侧重于大数据、精算科学、人工智能在保险与医疗健康领域的应用，追求更快、更准、更科学地识别、预测、管理疾病风险与死亡风险。爱选的发展一直以专业基础研究和充分的市场分析为坚实的基底，既有厚积薄发的能力，也有瞬间爆发的魄力。

报告项目一方面让我们时刻保持学习探索的心态，及时归纳总结并展望未来；另一方面让我们与“初心”一致的行业伙伴并肩同行，充满力量！

最后由衷感谢所有为本报告能够顺利出版提供各种帮助的人。感谢你们的专业指导、技术支持和日常付出等。特别地感谢报告项目团队。

感谢北京大学数学科学学院金融数学系吴岚教授及其博士研究生陈尔墨对本报告提供的专业指导和撰写支持。

感谢付振平、张佳、王璐璐、焦熹、周娜、于江歌对“2020 年各类人身保险典型产品精算评估分析”专题报告的撰写支持，使得今年报告有了质的飞跃。

感谢北京爱选信息科技有限公司项目负责人高雁和郑宇西带领整个团队成员展开系统且细致的与报告相关的各项工作。特别感谢张皓楠、王佳越以及实习生杨寅斌、何晴对本报告的撰写支持以及爱选科技全体实习生为前期大量的产品资料收集整理、数据积累、市场调研工作付出的辛苦努力。

最后，再次感谢所有为本报告付出努力的人，和我们一起在探索保险未来的道路上，梦为马、敢为先、常为新，在当前保险业面临的十字路口的节点上，留下一些印记。

何剑钢

爱选科技联合创始人

引　言

保险是现代经济的重要产业和风险管理的基本手段，是社会文明水平、经济发达程度、社会治理能力的重要标志。2020年初至今，我国经济社会发展受到新冠肺炎疫情的冲击和影响。与此同时，疫情所带来的不确定性使我国消费者的保险保障意识得到增强，客观上也促使保险行业进一步探索数字化转型的发展契机。在这个过程中，如何利用科技手段形成差异化竞争优势，为消费者提供便捷高效的服务体验，成为保险机构市场能力的重要考量。健康管理与保险的紧密结合成为监管层和市场共同的发展目标，也赋予了保险机构更多的价值创造空间。

从产品层面来看，对消费者而言，保险产品的迭代升级日益加快，责任内容也愈发晦涩难懂，如何将产品责任结构化、清晰化、易懂化是我们一直致力实现的目标。对保险公司而言，在我国居民可支配收入水平加快提升、风险与保障意识不断增强的市场环境下，及时捕捉不断涌现的市场需求成为保险公司的核心竞争力。对行业而言，保险产品需要在创新发展的道路上坚守“保险姓保”的初心，有效发挥保险业服务国家治理体系和治理能力现代化的重要作用。基于上述考虑，我们坚持推出了“中国人身保险产品研究报告”系列，希望通过专业角度的保险拆解、市场分析和趋势研判，为保险消费决策提供参考。

《2021 中国人身保险产品研究报告》基于专业精算人员开发并不断完善的爱选人身险产品库，通过统计分析、风险计量建模等研究方法，对我国保险市场中报备于2020年的主要人身保险产品从产品责任设计、条款内容及产品费率等维度进行深入的对比研究。与2020年的报告相比，本报告延续了总报告、分报告及专题报告的整体框架，由浅入深地剖析中国保险市场的变革。一方面，本年度报告在多个方面积极创新：总报告从宏观层面对保险行业的发展状况及前景进行总结性探讨；分报告的统计部分内容更加精细化、数据更加精准化，全面覆盖定期寿险、终身寿险、重大疾病保险、年金保险、万能保险及中端医疗保险等六类产品；另一方面，专题报告由一个精算评估分析报告和四个行业热点研究报告组成，报告整体内容更加丰富且更具专业性。对于保险市场的广大参与者而言，可根据不同需求从本报告中获取参考。

目　录

总报告

一、市场综述

2020年，突如其来的新冠肺炎疫情对我国经济增长产生较大影响，而随着疫情防控的稳步推进，我国保险业也恢复了稳中求进的发展态势。银保监会公布的保险业经营数据显示①，2020年人身险业务实现原保费收入33329亿元，同比增长7.53%，自去年恢复增长后保持稳步增速。其中，健康险作为保费增长的主要动力，延续了高速发展的势头，原保费收入实现8173亿元，同比增长15.67%。寿险业务实现原保险保费收入23982亿元，同比增长5.4%。意外险保费收入实现1174亿元，同比下降0.09%，与去年基本持平。在赔付支出方面，2020年寿险业务赔付支出3715亿元，同比下降0.75%，较2019年较大幅度的负增长有了明显改善。健康险业务赔付支出2921亿元，同比增长24.25%。意外险赔付支出316亿元，同比增长6.04%。

---

① 数据来源：中国银保监会于2021年1月28日发布的《2020年12月保险业经营情况表》。

新冠肺炎疫情对我国经济社会的发展造成了巨大冲击，在此背景下，保险公司深化数字化转型、积极拓宽互联网销售渠道的举措有效助推我国保险业逐步回暖。同时，疫情提高了人们对自身健康保障的需求意识，从各险种保费收入来看，健康险业务量迅速增长，市场规模进一步扩大，推动人身险产品结构优化，促进人身险业务多元化发展。另外，根据市场需求，监管部门鼓励意外险、长期医疗险等相关产品的开发、改革，向保险公司提供资源支持。产品创新驱动人身险业务增长，也为人身险行业的长远发展添砖加瓦。

在过去的一年里，监管部门加强了对人身险精算、互联网产品销售以及保险代理人制度的规范力度，完善了人身保险监管指标体系，推动市场高质量发展。此外，重疾新定义和新发生率表正式出台，适应重疾保险市场发展实际，使得产品定价更为科学合理，满足消费者和行业发展的需要。

与此同时，保险科技为行业创新发展提供了潜在动力。近年来，随着科技的不断进步以及在保险业的运用，保险行业在产品创新、经营销售以及风险承担方面都取得了重大突破。在现有的理念和框架下，科技创新赋能保险企业，真正做到从消费者的角度出发，实现对风险的精确识别、度量和评估，提高客户满意度，促使保险更好发挥保障功能。保险从业者需要保持对新兴科技的敏感度，同时跳出多年来固化的思维定式，不断优化产品供给，提升保障水平，积极探索行业经营新模式。

展望未来，监管方、保险企业和保险科技公司三方将不断加强沟通与合作，推进新兴科技在保险业的应用与深化，促进保险业高质量发展。

二、研究结果与展望

本节我们将根据各类型产品发展情况进行简要讨论。

（一）保障型寿险产品

1. 寿险产品定价仍较激进

作为传统型人身险产品，从历年保费收入结构上来看，寿险业务一直是主力产品。保障型寿险产品责任较为固定，保险公司较难在这个方面做出重大突破。部分公司通过采取激进的定价策略来提高产品的市场竞争力。这一方面对于公司而言，在长期低利率环境下利差空间缩水，激进定价将助推负债成本的高涨，潜在风险不容忽视；另一方面，在“保险姓保”的总原则下，在“红海”中打价格战对于行业而言并不能实现良性发展，反而搅乱了原有的公平秩序，建议保险公司从产品保障维度出发设计创新型寿险产品。

2. 增额终寿发展问题突出，互动式保单或成新趋势

当前市场主流的寿险产品非增额终身寿险莫属。作为保险公司开门红主销的产品类型，增额终身寿险可以充分满足客户资产传承和财富管理需求，且逐渐成为寿险市场的主流产品，但产品同质化问题以及产品合规性问题也日益严重。此外，多数增额终身寿险产品的现金价值在保单中后期会超过保额，即这类产品在赔付时往往赔现金价值而非增额后的有效保

额[①]，因此所谓的“高增额”率通常只是产品销售时的噱头，并不能为消费者提供更充足的保障。

而近年来，互动式保单逐渐成为业内创新方向。互动式保单将保险与健康管理深度结合，在产品与用户间形成长期有效互动，依托对于健康数据的分析和处理，变被动的保险理赔为主动的健康干预，提供一体化的健康风险管理与保障闭环。部分保险公司和保险科技公司已经在探索互动式保单与传统寿险产品相结合的运营模式，在帮助消费者形成良好的生活习惯的同时，也有效控制了理赔风险，进一步推动保险行业新生态稳定持续发展。

（二）年金保险产品

年金保险方面，商业养老年金的开发前景广阔。数据显示，我国基本养老保险替代率连年下降，目前已不足 50%，低于国际警戒线水平[②]，且今后可能还会呈下降趋势[③]。这意味着未来民众仅依靠基本养老保险解决养老问题的可能性越来越小，若要使年老后保持现在收入水平的 80%—90%（即总替代率 80%—90%），则必然需要依靠商业养老险弥补缺口。然而，我国商业养老险市场现有规模仍较小，据不完全统计，2010 年至 2020年间，仅有 18.65% 的年金产品包含养老金责任[④]，此处“包含养老金

① 根据爱选人身险产品库数据统计，98% 以上的增额终身寿险产品的身故责任设置均为“18 周岁后且在交费期外身故，给付已交保费 * 给付比例、现金价值与有效保额三金取大”，其中不同产品对给付比例的规定略有不同，有效保额即增额后的保额水平。

② 注：国际劳工组织（ILO）建议养老金替代率最低标准为 55%。

③ 资料来源：全国政协外事委员会主任、财政部原部长楼继伟在 2020 年全球财富管理首季峰会上的发言。

④ 数据来源：爱选科技人身险产品库。

责任”并不意味着其是一款专门的商业养老金产品，也有可能是普通年金产品但包含高龄时期的集中持续给付，因而市场上实际的商业养老险产品则要低于前述数值。由此可见，未来商业养老险市场发展空间非常广阔。

而对于“如何提高我国养老保障水平”这一问题，许多专家学者都提出了有力的解决方案：在全国政协“积极应对人口老龄化，促进人口均衡发展”专题协商会上，人社部副部长游钧表示将尽快出台养老保险第三支柱的政策框架，强调“为加快多层次养老保险体系建设，首先要明确基本养老保险保基本功能定位；其次要增强年金强制性，在企业职工基本养老保险全国统筹后研究提高企业年金强制性的可行性，提高年金覆盖率”。中国社科院世界社保研究中心主任郑秉文教授也曾提到“延迟退休年龄是世界各国在养老金制度下‘人为创造人口红利’的手段，但退休年龄的延迟终究是有生理极限的。建立一个资产型养老保险体系是解开老龄化‘百年之虑’的‘百年大计’”。

此外，国家的多个政策文件均指明了鼓励老年服务产业发展，完善医养结合产业链。并且，这也是当前各险企正在开展的战略布局。对于各险企而言，商业养老险产品能为其提供长期的、稳定的资金用于养老服务产业建设当中。与此同时，老年问题与健康问题息息相关，在开拓商业养老险市场的同时，推介老年医疗险、商业护理险产品，并与健康管理服务相结合，讲述“大健康”“大养老”的故事，构建老年健康的产品和服务体系，或为保险公司发展道路的选择之一。

（三）万能保险产品

万能险凭借着较高的利率、灵活的缴费、较强的理财属性，曾经在全球低利率的背景下赢得了一段发展的黄金时期。我国在 2016 年万能险发展的高峰过后，万能险的市场就一直呈现收缩趋势。2020 年，万能险保费同比下滑 19%，而根据银保监会披露数据，截至 2021 年 6 月，代表万能险保费的“保户投资款新增交费”为 3443 亿元，与去年同期的 4345 亿元相比，下降 20% 左右，占寿险公司保费总收入的比例也由去年的 17.87% 下降至 14.89%。可以看出，万能险目前正处于一个降温的趋势，业务收缩、规模下降可能会成为未来一段时间内困扰万能险市场的问题。如何稳定份额、应对流动性压力，将会成为困扰保险公司的一大问题。

从保险公司的角度，监管和行业整体的趋势，释放出了要求保险回归保障本源的信号，保险公司应当顺应这一趋势，坚持“保险姓保”，将更多的精力放在风险保障的产品上。对于万能险，应当停止“野蛮生长”，引导顾客选取符合自身需求的产品。此外，还应服从监管对于利率、保证金等的要求，实现高质量发展。

虽然当前万能险的设计和营运存在诸多问题，但从长远来看，万能险这类通过资产端和负债端积极互动管理，达到资产负债匹配的产品有利于保险公司的稳定发展；而对于消费者而言，万能险也有独特的保障作用，特别是随着社会老龄化的加深，越来越多的人需要有针对长期保障资金增值的财富管理工具，以平滑经济发展和变化造成的减值。

因此，对保险公司来说，万能险的发展是要回归万能险设计之初的长期财富管理功能，需要从长期保障和长期储蓄角度对其进行再造，同时还需体现出其有别于其他金融产品的独特优势。这对保险公司来说，既是机遇也是挑战。

（四）健康保险产品

1. 重疾险渗透率较高，新规引发重疾险费率调整

重大疾病保险是健康险领域非常重要的保险产品形态，也是健康险保费收入的大头，对公司价值贡献也相对较高，无论从监管导向、保费贡献、价值增长还是匹配客户需求角度来说，其都将是未来保险公司重点发展的保障型业务之一。根据中国保险行业协会数据统计，目前持有有效重疾险保单的消费者已超过 1 亿人次，我国重疾险渗透率已达到较高水平。

另外，2020 年 11 月重疾新定义及发生率表[①]的落地也给重疾险产品开发带来了新契机。在新表下，受发生率变化、再保定价支持等影响，重疾险责任设置与保费之间的权衡可能成为产品开发时的关键。经研究分析，市场上新重疾险费率并没有预期的大幅下降，反而呈略微上升趋势。

2. 重疾病种设置仍存问题，有效创新相对缺乏

根据爱选重疾险病种研究报告[②]，目前市场上的很多重疾险产品都存在病种设置的问题。首先，保障疾病数量居高不下，这也是行业的常态。

① 注：指 2020 年 11 月 5 日，中国保险行业协会发布的《重大疾病保险的疾病定义使用规范（2020 年修订版）》和中国精算师协会发布的《中国人身保险业重大疾病经验发生率表（2020）》。

② 注：电子版报告全文可通过“爱选科技”公众号后台回复“病种报告 2021”获取下载链接。

“病种多即保障全”的错误信息仍然在市场上盛行。仅从产品设计角度来看，病种数量并不能代表产品的优劣，却可能一定程度上增加产品的复杂性与理解难度。其次，条款中不少病种的定义逻辑存在问题，如定义尺度不统一、标准不够精准和客观、忽视了疾病部分方面的保障、未充分考虑理赔可操作性与临床实际、侵害消费者利益等。再次，目前虽然保障的病种数量高达百种，但是真正有“定价依据”的病种并不多，个别产品责任开发的定价基础合理性有待商榷。在健康保险领域，保险与医学两个学科深度融合尤为重要，重疾险的创新和发展历程正是保险与医学两个学科齐头并进、互相融合的一大见证。最后，重疾险的产品创新大多仍为责任的叠加或病种数量的增加，整体产品效率上和逻辑上的创新相对缺乏。

3. 短期医疗险成为健康险市场主力，监管环境趋严

短期医疗险由于杠杆率高、易销售、客户接受度高等特点，受疫情的影响成为健康险市场的主力产品之一。在现行医疗保障体系下，我国居民个人就医支出占居民收入比重较高，2019 年约 28.4%，高于 2010 年世界卫生组织建议的 15%—20% 标准，这说明医疗保障需求潜力巨大，医疗险产品杠杆率高、保费低等特点刚好可满足广大民众对于医疗保障的需求。从政策层面，医疗产品属保障类产品，符合监管导向，《关于深化医疗保障制度改革的意见》等制度的出台也为该类产品发展提供了政策支持。另外，从近几年医疗险尤其是百万医疗险产品发展来看，其保费规模正在且预计将持续迅速增长，未来发展前景广阔。2021 年 1 月银保监会发布了《关于规范短期健康保险业务有关问题的通知》，明确短期健康险续保时需重新申请投保并签发保单等要求，受承保便捷度等影响，将对该类产品销

量有一定负面影响。在监管趋严、竞争不断激烈的环境下，未来该类业务发展将更加需要关注产品差异化、规范性。

4. 城市普惠险短期对医疗险造成冲击，但发展面临挑战

截至 2021 年 5 月，我国已有 135 款城市普惠险落地。政府政策的支持，互联网平台的崛起，以及需求的涌现，共同造就了城市普惠险的井喷。受益于保费低、核保宽松、保额与百万医疗险平齐等优势，城市普惠险迅速在全国蔓延推广，在短期内对医疗险市场造成一定冲击。但长期来看，城市普惠险发展面临较大挑战。首先是定价充足性问题，城市普惠险的年保费大多处于百元以下的费率水平，且多为统一费率，产品可持续发展面临挑战。对此，保险公司在设计产品时应尽量做到保险责任与保费二者的平衡。其次，城市普惠险同时存在规范化不足的问题，市场乱象频发，涉及产品设计、产品宣导、市场竞争等多方面。总体上，城市普惠险最终是否能经受住市场的考验，还需要继续观望。

5. 长期医疗险仍处探索发展阶段，未来有望成为发展新趋势

当前，长期医疗险的风险仍然难以合理量化，仍处于边探索边发展的阶段。2020 年 4 月 2 日，银保监会发布的《关于长期医疗保险产品费率调整有关问题的通知》中首次准许险企开发设计自然费率定价下费率可调的长期医疗险产品。新政出台后，百万医疗险的长期化成为市场讨论热点，但因长期医疗险的风险特性相比短期百万医疗险有本质区别，通胀、费率调整标准及幅度等定价因素仍存在难以合理量化的问题，虽然会成为未来发展新趋势，但预计短期内仍是探索发展阶段。首先，医疗通胀对医疗成本的影响显著且具有长期持续性。国内目前的数据参考口径还无法对

医疗通胀率做出长期可靠的预估。其次，医保和医疗体系的变革及医药水平发展所带来的极端风险难以预测。最后，续保率恶化和脱落率增加造成的死亡螺旋是产品研发需要克服的一大难题。新规一方面刺激着产品的创新，但同时也考验着险企如何利用可调费率解决风控难题，需要保险公司在不断探索及实践中寻找期限和风险之间的平衡。

分报告一
2020 年定期寿险产品数据统计

《分报告一——2020 年定期寿险产品数据统计》的分析数据均来自市场公开信息，如产品条款，产品费率等。本分报告以下的统计分析结果基于 35 款报备年度为 2020 年的定期寿险产品。

一、保险责任

（一）主要责任

定期寿险保险合同的主要责任为身故和全残。2020 年统计的定期寿险产品中，所有产品均提供身故和全残保障。

（二）其他责任设置

少数定期寿险为变额定期寿险，即在保险期间内，保额增加或减少。部分定期寿险产品，除一般身故（全残）设置外，还会针对一些特定情况给予一定比例的额外赔付，如特定公共交通意外（包含轨道、轮船、航空意外等）、特定年龄范围（如45周岁前）、特定时间范围（如法定节假日期间）以及特定死因（如猝死）等。此外，在统计的定期寿险产品中，有1款产品提供了保证增额权，其指被保险人发生特定的人生重大事件且保单满足一定条件时，可以向保险公司申请增加基本保险金额，且不需提供额外的健康证明文件，是对定期寿险的一种尝试创新。

二、免责条款

表1　定期寿险产品免责条款数量统计

身故免责条款数量	比例		变化趋势
	2019年	2020年	
3条	55%	37%	↓
4条	18%	11%	↓
5条	8%	14%	↑
6条	3%	3%	→
7条	16%	34%	↑

表2　定期寿险产品标准免责条款情况统计

免责条款		比例		变化趋势
		2019年	2020年	
1	投保人对被保险人的故意杀害、故意伤害	100%	100%	→
2	被保险人故意犯罪或者抗拒依法采取的刑事强制措施	100%	100%	→
3	被保险人在本合同成立日或最后复效日（以较迟者为准）起两年内自杀，但被保险人自杀时为无民事行为能力人的除外	100%	100%	→
4	被保险人主动服用、吸食、注射毒品	53%	63%	↑

（续表）

免责条款		比例		变化趋势
		2019 年	2020 年	
5	被保险人酒后驾驶，无合法有效驾驶证驾驶，或驾驶无有效行驶证的机动车	50%	66%	↑
6	核爆炸、核辐射或核污染	24%	43%	↑
7	战争、军事冲突、暴乱或武装叛乱	34%	49%	↑

由表 1 可知，2020 年统计的定期寿险产品中，3 条、4 条免责的产品比例减少，5 条、7 条免责的产品比例增加。由表 2 可知，后 4 条免责条款比例呈上升趋势。可见，2020 年定期寿险产品免责条款呈数量增加的趋势。此外，约半数产品的免责条款存在两个或两个以上单项免责合并的情况，如将“主动吸食毒品”与“酒驾”免责并为一条。

三、普通条款

（一）投保年龄

表 3　定期寿险产品最低投保年龄统计①

最低投保年龄	比例		变化趋势
	2019 年	2020 年	
0 周岁	3%	—	—
18 周岁	87%	83%	↓
20 周岁	5%	9%	↑
22 周岁	—	3%	—
没有明确①	5%	6%	↑

① 指条款、销售页面或其他公开宣传材料中没有明确规定，下同。

表 4　定期寿险产品最高投保年龄统计

最高投保年龄	比例		变化趋势
	2019 年	2020 年	
40 周岁	3%	9%	↑
45 周岁	3%	—	—
50 周岁	18%	17%	↓
55 周岁	21%	11%	↓
60 周岁	39%	51%	↑
65 周岁	8%	6%	↓
70 周岁	3%	—	—
没有明确	5%	6%	↑

由表 3、表 4 可知，2020 年定期寿险的最低投保年龄多数设为 18 周岁，比例为 83%，最高投保年龄多数设为 60 周岁，比例为 51%。

（二）保险期间

定期寿险的保险期间可以大致分为两类：固定期限或至固定年龄，大部分定期寿险产品为了满足投保人的不同需求，提供了多种保险期间。

表 5　定期寿险产品保险期间统计

保险期间	比例		变化趋势
	2019 年	2020 年	
3—6 年	8%	15%	↑
10 年	26%	23%	↓
15 年	13%	6%	↓
20 年	76%	66%	↓
25 年	13%	17%	↑

（续表）

保险期间	比例		变化趋势
	2019 年	2020 年	
30 年	76%	86%	↑
35 年	—	6%	—
40 年	—	9%	—
至 40—50 周岁	9%	15%	↑
至 55 周岁	3%	14%	↑
至 60 周岁	68%	71%	↑
至 65 周岁	32%	57%	↑
至 66 周岁	3%	3%	→
至 70 周岁	71%	77%	↑
至 75 周岁	3%	20%	↑
至 77 周岁	3%	3%	→
至 80 周岁	26%	31%	↑
至 88 周岁	8%	6%	↓
至 99 周岁	8%	—	—
至 100 周岁	3%	—	—
其他	3%	—	—
没有明确	8%	3%	↓

由表 5 可知，2020 年产品在保障至固定期限中，20 年和 30 年最为常见，比例为 66% 和 86%；同时增加了保障 35 年、40 年的方式。在保障至固定年龄中，保障至 60 周岁和 70 周岁最为常见，比例为 71% 和 77%。整体来说，2020 年定期寿险的保险期间呈延长趋势。

（三）交费方式

定期寿险的交费方式一般分为趸交、固定交费年限和交费至固定年龄。多数定期寿险产品会提供和保险期间相同的交费期间，如保险期间为30年则交费期间也为30年。

表6　定期寿险产品交费方式统计

交费方式	比例		变化趋势
	2019年	2020年	
趸交	34%	40%	↑
3年	5%	3%	↓
5年	45%	43%	↓
10年	79%	66%	↓
15年	18%	17%	↓
20年	82%	74%	↓
25年	16%	11%	↓
30年	63%	63%	→
40年	—	3%	—
至45周岁	—	3%	—
至50周岁	—	3%	—
至55周岁	—	3%	—
至60周岁	13%	20%	↑
至65周岁	8%	11%	↑
至70周岁	5%	17%	↑
没有明确	17%	14%	↓
其他①	4%	3%	↓

① 其他：交费期间 = 保险期间 –1年、交费期间 = 保险期间 –5年

由表 6 可知，2020 年统计的定期寿险产品，交费方式更加多样化，且以固定交费年限方式为主。其中，10 年交、20 年交和 30 年交比例大，分别为 66%、74% 和 63%。

（四）犹豫期

2020 年统计的定期寿险产品中，犹豫期大多数采用 15 天，比例由 2019 年的 68% 上升至 74%。整体来说，犹豫期呈延长趋势。

表 7　定期寿险产品犹豫期天数统计①

犹豫期	比例		变化趋势
	2019 年②	2020 年	
10 天	8%	—	—
15 天	68%	74%	↑
20 天	21%	26%	↑

（五）等待期

2020 年统计的定期寿险产品中，等待期大多数设置为 90 天，比例为 77%。等待期 180 天的产品比例上升，由 2019 年的 13% 上升至 17%，个别产品没有设置等待期。

① 由于四舍五入，本报告一些统计表比例之和可能与 100% 略有区别。

②2019 年统计结果与《2020 中国人身保险产品研究报告》不同，《2020 中国人身保险产品研究报告》中犹豫期为 15 天和 20 天的数据有误，应调换位置。

表 8 定期寿险产品等待期统计

等待期	比例		变化趋势
	2019 年	2020 年	
30 天	3%	—	—
60 天	5%	3%	↓
90 天	79%	77%	↓
180 天	13%	17%	↑
无	—	3%	—

四、价格水平

定期寿险产品责任简单，各产品责任差异不大。因此，本报告直接统计了 2018 年至 2020 年间定期寿险 30 岁男性，保险期间 30 年，交费期间分别为趸交、10 年交、20 年交、30 年交的千元保额平均费率。价格水平统计结果见表 9。

整体来看，定期寿险的价格水平近三年来呈持续下降趋势，一定程度上说明各公司在定寿市场的竞争优势仍是集中在价格上。然而定期寿险的价格可以说已刷到底线，未来优势探索应着眼于产品创新上。

表 9 定期寿险产品价格水平（单位：元）

定期寿险	2018 年	2019 年	2020 年
趸交	39.53	25.47	22.51
10 年交	4.72	2.92	2.70
20 年交	2.76	1.63	1.57
30 年交	2.02	1.33	1.21

分报告二
2020 年终身寿险产品数据统计

《分报告二——2020 年终身寿险产品数据统计》的分析数据均来自市场公开信息，如产品条款，产品费率等。本分报告以下的统计分析结果基于 113 款报备年度为 2020 年的终身寿险产品。

终身寿险产品按照保额是否可变，可分为定额终身寿险和增额终身寿险。2020 年统计的终身寿险产品中，增额终身寿险的占比是 80%，同比增长 17%。

一、保险责任

（一）主要责任

终身寿险保险合同的主要责任为身故和全残。2020 年统计的终身寿险产品中，同时提供身故和全残保障的终身寿险产品比例为 76%，其余终身寿险仅提供身故保障。终身寿险产品保险责任统计结果详见表 1。

表 1　终身寿险产品保险责任统计

保险责任	比例		变化趋势
	2019 年	2020 年	
增额含全残	48%	63%	↑
增额无全残	18%	17%	↓
定额含全残	18%	13%	↓
定额无全残	16%	7%	↓

由表 1 可知，2020 年的增额含全残类产品比例从 2019 年的 48% 大幅上升至 63%，定额无全残类产品比例从 2019 年的 16% 下降至 7%。此外，增额终身寿险产品中，约 64% 的产品增额率为每年 3.50%。2020 年平均增额率为 3.52%，而 2019 年的平均增额率为 3.41%。可见,“增额”和“含全残”是 2020 年终身寿险产品设计的发展趋势。

（二）其他责任设置

1. 投保人身故或全残豁免保险费

投保人身故或全残豁免保险费指投保人在满足一定条件下身故或全残时，可免交自投保人身故或确定全残之日起的续期保险费，保险合同继续有效，已豁免保费视为已交。

2020 年统计的终身寿险产品中，有 4 款产品提供了此项责任并做了条件限制，如“仅意外”“投保人年龄限制（如 70 周岁前）”和“被保险人年龄限制（如 18 周岁前）”。

2. 意外身故或全残额外给付

意外身故或全残额外给付是指被保险人遭受意外伤害事故，并因本次伤害事故直接导致被保险人在该事故发生之日起 180 日内身故或全残的，且被保险人身故或全残时满足一定条件（如 18 周岁后、71 周岁前等），保险公司在给付一般身故或全残保险金的同时，按照合同约定额外给付意外身故或全残保险金。

2020 年统计的终身寿险产品中，有 5 款产品提供了此项责任。

3. 航空意外身故

航空意外身故是指被保险人遭受航空意外，并因本次伤害事故直接导致被保险人在该事故发生之日起 180 日内身故，保险公司在给付一般身故保险金的同时，按照合同约定额外给付航空意外身故保险金。少数终身寿险产品添加了年龄限制，如被保险人满足 18 周岁至 75 周岁。

2020 年统计的终身寿险产品中，有 22 款产品提供了此项责任。

除航空意外身故责任，个别终身寿险产品还提供自驾车身故、火车身故、重大自然灾害身故和公共交通意外身故责任中的一种或几种。

二、免责条款

表 2　终身寿险产品免责条款数量统计[①]

身故免责条款数量	比例		变化趋势
	2019 年	2020 年	
3 条	13%	20%	↑
4 条	2%	6%	↑
5 条	5%	7%	↑

① 由于四舍五入，本报告一些统计表比例之和可能与 100% 略有区别。

（续表）

身故免责条款数量	比例		变化趋势
	2019 年	2020 年	
6 条	5%	5%	→
7 条	61%	58%	↓
7 条以上	16%	3%	↓

表 3　终身寿险产品免责条款情况统计

免责条款		比例		变化趋势
		2019 年	2020 年	
1	投保人对被保险人的故意杀害、故意伤害	100%	100%	→
2	被保险人故意犯罪或者抗拒依法采取的刑事强制措施	100%	100%	→
3	被保险人在本合同成立日或最后复效日（以较迟者为准）起两年内自杀，但被保险人自杀时为无民事行为能力人的除外	100%	100%	→
4	被保险人主动服用、吸食、注射毒品	87%	77%	↓
5	被保险人酒后驾驶，无合法有效驾驶证驾驶，或驾驶无有效行驶证的机动车	85%	78%	↓
6	核爆炸、核辐射或核污染	82%	71%	↓
7	战争、军事冲突、暴乱或武装叛乱	82%	71%	↓

由表 2 可知，2020 年统计的终身寿险产品中，半数以上产品免责条款设计为 7 条。3 条、4 条、5 条免责的产品比例增加，其中 3 条免责比例比 2019 年增加 7 个百分点。由表 3 可知，后 4 条免责条款比例呈大幅下降趋势。可见，2020 年终身寿险产品免责条款呈数量减少的趋势。此

外，仍有产品存在“免责合并”的问题，即将多条免责合并成一条免责，造成免责数量少的假象。

三、普通条款

（一）投保年龄

终身寿险的最低投保年龄多数设为 0 周岁（包含 7/28/30 天），少儿终身寿险的最高投保年龄限制在 17 周岁，比例从 2019 年的 7% 下降至 1%。此外，其他终身寿险最高投保年龄在 50—80 周岁之间。2020 年统计的终身寿险产品中，最高投保年龄在 70 周岁、75 周岁和 80 周岁的比例呈上升趋势。投保年龄统计结果见表 4 和表 5。

表 4　终身寿险产品最低投保年龄统计

最低投保年龄	比例		变化趋势
	2019 年	2020 年	
0 周岁	82%	85%	↑
18 周岁	12%	5%	↓
没有明确	6%	10%	↑

表 5　终身寿险产品最高投保年龄统计

最高投保年龄	比例		变化趋势
	2019 年	2020 年	
17 周岁	7%	1%	↓
50—59 周岁	13%	1%	↓

（续表）

最高投保年龄	比例		变化趋势
	2019 年	2020 年	
60 周岁	7%	5%	↓
65 周岁	10%	11%	↑
66—69 周岁	4%	1%	↓
70 周岁	38%	45%	↑
75 周岁	11%	21%	↑
80 周岁	4%	6%	↑
没有明确	6%	10%	↑

（二）交费方式

大部分终身寿险的交费方式分为趸交和固定交费年限，并同时提供多种可选交费方式。此外，极个别终身寿险产品提供交费至固定年龄的方式。2020 年统计的终身寿险产品中，趸交方式比例上升，期交中，短期期交方式比例呈上升或不变趋势，而长期期交方式比例均呈大幅下降趋势①。交费方式统计结果见表 6。

表 6　终身寿险产品交费方式统计

交费方式	比例		变化趋势
	2019 年	2020 年	
趸交	59%	69%	↑
3 年	56%	69%	↑
5 年	71%	71%	→

① 注：此处“短期”指 10 年以内，“长期”指 10 年及以上。

（续表）

交费方式	比例		变化趋势
	2019 年	2020 年	
10 年	82%	71%	↓
15 年	58%	37%	↓
20 年	73%	49%	↓
29 年	3%	2%	↓
30 年	20%	9%	↓
其他	12%	6%	↓
没有明确	11%	23%	↑

（三）犹豫期

2020 年统计的终身寿险产品中，绝大多数产品犹豫期设置为 15 天，比例从 2019 年的 55% 大幅上升至 88%。犹豫期整体呈延长趋势，统计结果见表 7。

表 7　终身寿险产品犹豫期天数统计

犹豫期	比例		变化趋势
	2019 年	2020 年	
10 天 （通过商业银行投保，犹豫期为 15 天）	18%	3%	↓
10 天	10%	2%	↓
不低于 10 天	3%	—	—
15 天	55%	88%	↑
20 天	15%	6%	↓
没有明确	—	2%	—

（四）等待期

2020 年终身寿险产品的等待期统计结果见表 8。

表 8　终身寿险产品等待期统计

等待期	比例		变化趋势
	2019 年	2020 年	
90 天	16%	10%	↓
180 天	18%	13%	↓
无	66%	77%	↑

2020 年统计的终身寿险产品中，无等待期的产品比例高达 77%，呈上升趋势；等待期为 90 天和 180 天的产品比例均呈现下降趋势。

四、利益责任

（一）保单贷款

保单贷款指在合同有效期内，投保人可以书面形式向保险公司申请贷款，还款时需偿还本金和利息。2020 年统计的终身寿险产品中，所有产品均可以申请保单贷款，最高贷款金额多为申请时现金价值净额的 80%，每次贷款最长期限为 6 个月（180 天）。

（二）年金转换权

年金转换权指投保人可选择在约定年龄申请将全部或部分现金价值

作为一次性交清的保险费购买年金保险，为养老提供长期稳定保障。2020 年统计的终身寿险产品中，约 17% 的产品提供年金转换权。

五、价格水平

终身寿险产品责任简单，各产品责任差异不大。因此，本报告直接统计了 2018 年至 2020 年间普通终身寿险和增额终身寿险 30 岁男性，交费期间分别为趸交、10 年交、20 年交的千元保额平均费率。价格水平统计结果见表 9 和表 10。

表 9　普通终身寿险价格水平（单位：元）

普通终寿	2018 年	2019 年	2020 年
趸交	242.49	218.71	208.42
10 年交	28.42	27.69	26.27
20 年交	16.81	16.09	15.17

表 10　增额终身寿险价格水平（单位：元，增额率 3.5%/ 年）

增额终寿	2018 年	2019 年	2020 年
趸交	1120.17	1154.51	1116.69
10 年交	134.18	133.71	128.51
20 年交	77.95	77.41	74.15

整体来看，终身寿险产品不论是普通型还是增额型，价格水平近三年来整体均呈持续下降趋势。

分报告三
2020 年重大疾病保险产品数据统计

《分报告三——2020 年重大疾病保险产品数据统计》的分析数据均来自市场公开信息，如产品条款，产品费率等。本报告以下的统计分析结果基于 332 款报备年度为 2020 年的重大疾病保险产品。

关于重疾险的病种设置问题，爱选科技做了详尽研究，已形成系列报告。本报告不再赘述。详情请参阅爱选科技发布的系列报告《中国保险行业重大疾病保险产品病种研究报告》①。

一、保险责任

重大疾病保险合同包括的主要保险责任有重症、轻症、中症、特定疾病、身故、全残、终末期疾病、保费豁免以及其他疾病责任等。重疾险产品主要保险责任统计结果详见表 1。

---

① 报告可通过“爱选科技”公众号下载。该系列报告已出三年，分别为 2019 版、2020 版和 2021 版。

表 1 重疾险产品主要保险责任统计

保险责任	比例		变化趋势
	2019 年	2020 年	
重疾	100%	100%	→
中症	56%	68%	↑
轻症	92%	92%	→
特定重疾	33%	34%	↑
身故（返保额）	58%	79%	↑
全残	39%	35%	↓
终末期疾病	32%	22%	↓
豁免	89%	83%	↓
疾病其他责任	39%	54%	↑

由表 1 可知，2020 年统计的重疾险产品中，含中症责任的产品比例呈上升趋势，且多数产品的身故责任设置为返保额的形式。而在条款中单独设置终末期疾病责任的产品比例下降。此外，疾病其他责任比例上升，这个责任主要包含重疾“非标配”责任，如“心脑血管二次给付”“恶性肿瘤二次给付”“女性特定手术给付”等责任，这个比例的上升可以体现出各家重疾产品责任一方面趋于烦琐，另一方面不断寻求产品创新的趋势。

（一）重症

重症责任，即被保险人罹患合同中所列的重症疾病，得到重大疾病保险金赔付。重症具有危及生命和花费巨大两个特点，赔付额度一般为 100% 基本保额。

重症责任的病种数量、病种设置、赔付次数、赔付方式等均是产品设计以及消费者关注的重点。

1. 重症病种数量

2020 年统计的重疾险产品中，重症病种数量范围在 28—140 种之间，平均水平由 2019 年的 102 种增长到 107 种。2020 年重症数量在 100 种以上的比例为 69%，2019 年该比例为 44%。2020 年的重疾险产品病种数量仍呈缓慢上升趋势。

2. 重症分组和赔付次数

2020 年统计的重疾险产品中，从赔付次数看，单次赔付重疾产品比例为 55%。多次分组赔付重疾产品中，以 6 次最多，极个别产品的重疾赔付不限次数（因比例较低故未在表 3 中列出）。从重疾分组看，不分组产品比例为 62%，这其中包含大部分单次赔付重疾。但已出现部分产品，责任设置为重疾不分组多次赔付。分组重疾产品中，以 5 组、6 组居多。此外，多次赔付重疾中，不同重疾病种的赔付时间间隔大多为 180 天和 365 天，比例分别为 40% 和 43%。

表 2　重疾险产品重疾分组统计

重症分组	比例		变化趋势
	2019 年	2020 年	
2 组	1%	1%	→
3 组	2%	3%	↑
4 组	2%	1%	↓
5 组	15%	11%	↓
6 组	13%	23%	↑
不分组	66%	62%	↓

表 3 重疾险产品重疾赔付次数统计[①]

重症赔付次数	比例		变化趋势
	2019 年	2020 年	
1 次	57%	56%	↓
2 次	7%	8%	↑
3 次	8%	10%	↑
4 次	1%	1%	→
5 次	13%	9%	↓
6 次	13%	16%	↑
7 次（癌症 3 次）	—	1%	—

3. 重症赔付方式

2020 年统计的重疾险产品的赔付方式较 2019 年更为分散化。约 40% 的产品重疾责任设置为“等待期内重疾，退还已交保费；意外或等待期后重疾，给付基本保额”。与 2019 年相比，这个比例再次下降约 10%，体现了重疾产品赔付进一步复杂化、创新化的趋势。

重症责任设置较为复杂的产品，赔付额度会受到罹患重疾次数、保单年度、到达年龄、是否参加指定运动、重疾时间间隔等因素影响。重症责任的赔付额度可能与上述因素中的一个或多个挂钩，具体举例见表 4。

① 表 2、表 3 统计项目为 2021 年报告新增。

表 4　重症赔付方式举例

与罹患重疾次数相关	等待期内重疾，退还已交保费； 意外或等待期后重疾： 首次，给付基本保额； 第二次，给付 120% 基本保额； 第三次，给付 140% 基本保额； 第四次，给付 160% 基本保额； 第五次，给付 180% 基本保额； 第六次，给付 200% 基本保额
附加一定条件的额外赔付	等待期内重疾，退还已交保费； 意外或等待期后重疾，给付基本保额； 若被保险人在 60 周岁前重疾，额外给付 60% 基本保额
与保单年度相关	等待期内重疾，退还已交保费； 意外或等待期后重疾，给付基本保额 × 给付比例 给付比例：第 1 个至第 2 个保单年度、第 3 个至第 4 个保单年度、第 5 个至第 6 个保单年度、第 7 个至第 8 个保单年度、第 9 个至第 10 个保单年度、第 11 个保单年度起，分别为 100%、120%、140%、160%、180%、200%
与到达年龄相关	等待期内重疾，退还已交保费； 意外或等待期后重疾： 18 周岁前，给付 150% 基本保额； 18 周岁至 49 周岁，给付 120% 基本保额； 50 周岁后，给付基本保额

（续表）

与是否参加运动相关 与患轻症等病史相关	等待期内重疾，退还已交保费； 意外或等待期后重疾，给付基本保额； 若被保险人在第 2 个保单周年日前参加指定运动记录平台活动且在第 3 个保单周年日起重疾： 达到运动标准一（累计 18 个月每月至少有 25 天每天运动步数不少于 10000 步），额外给付 5% 基本保额； 达到运动标准二（累计 24 个月每月至少有 25 天每天运动步数不少于 10000 步），额外给付 10% 基本保额 若被保险人在 70 周岁前： 患 1 次轻症后重疾，额外给付 20% 基本保额； 患 2 次轻症后重疾，额外给付 40% 基本保额； 患 3 次轻症后重疾，额外给付 60% 基本保额
保额递增	等待期内重疾，退还已交保费； 意外或等待期后重疾，首次至第六次，给付有效保额 有效保额：［1+5%×（保单年度 –1）］× 基本保额，给付上限为 2 倍基本保额
与重疾时间间隔相关	等待期内重疾，退还已交保费； 意外或等待期后重疾： 首次，给付已交保费、现金价值与基本保额三金取大； 105 周岁保单周年日前，第二次及后续各次，给付基本保额 * 给付比例； 给付比例：本次重疾确诊距上次重疾确诊不满 1 年、1 年至 2 年、2 年至 3 年、3 年至 4 年，4 年至 5 年，满 5 年及以上分别为 0%、20%、40%、60%、80%、100%

（二）轻症

轻症责任，即被保险人罹患合同中所列的轻症疾病，得到轻症疾病保险金赔付。轻症责任的赔付额度一般为 20%—50% 基本保额。其定义相对宽松，更容易达到理赔要求，可以作为重症责任的有力补充。

1. 轻症病种数量

2020 年市场上的重疾险产品，轻症病种数量在 3—60 种之间，平均水平为 39 种。2020 年轻症数量在 50 种之上的产品比例为 11%。整体来说，轻症病种数量与 2019 年相比无明显变化。

2. 轻症分组和赔付次数

2020 年统计的重疾险产品中，95% 包含轻症责任的产品不分组，90% 包含轻症责任的产品为多次赔付。其中 3 次给付最为常见，比例为 64%。此外，90% 的轻症多次赔付产品无时间间隔，少数产品规定赔付间隔为 90 天、180 天甚至一年。

表 5　重疾险产品轻症分组统计

轻症分组	比例		变化趋势
	2019 年	2020 年	
3 组	1%	—	—
4 组	1%	—	—
5 组	2%	3%	↑
6 组	—	1%	—
不分组	96%	95%	↓

表 6　重疾险产品轻症赔付次数统计[①]

轻症赔付次数	比例		变化趋势
	2019 年	2020 年	
1 次	7%	10%	↑
2 次	3%	2%	↓
3 次	69%	64%	↓
4 次	6%	11%	↑
5 次	9%	11%	↑
6 次	4%	2%	↓
7 次	3%	—	—
每项轻症可给付一次，累计给付以约定限额为限	—	1%	—

表 7　重疾险产品轻症赔付时间间隔统计

轻症赔付时间间隔	比例		变化趋势
	2019 年	2020 年	
90 天	8%	6%	↓
180 天	8%	3%	↓
无	83%	90%	↑
其他	2%	1%	↓

3. 轻症赔付方式

2020 年市场上的重疾险产品，大多数产品轻症责任设置较为简单，通常为“等待期内轻症，退还已交保费（或不承担轻症责任，合同继续有效）；意外或等待期后轻症，给付一定比例的基本保额”，给付比例通常为 20%—50%。此外，对于等待期内确诊轻症的处理，约 40% 的产品仅

① 表 6、表 7 统计项目为 2021 年报告新增。

终止部分或全部轻症责任，不终止合同。

轻症责任设置较复杂的产品，赔付额度会受到罹患轻症次数、是否参加指定运动等因素影响。此外，极少数产品轻症责任设置年龄限制，且出现产品一定年龄前轻症责任翻倍，赔付额度等同于其他产品的中症责任。

表 8　轻症赔付方式举例

与罹患轻症次数相关	等待期内轻症，退还已交保费； 意外或等待期后轻症： 首次，给付 30% 基本保额； 第二次，给付 40% 基本保额； 第三次，给付 50% 基本保额
附加一定条件的额外赔付	等待期内轻症，不承担保险责任，该一种或多种轻症责任终止，其余轻症责任继续有效，合同继续有效； 意外或等待期后轻症，首次至第三次，给付 45% 基本保额； 若被保险人在 60 周岁前保单周年日首次确诊轻症，额外给付 10% 基本保额
与是否参加指定运动相关	等待期内轻症，退还已交保费； 意外或等待期后轻症，首次至第三次，给付 20% 基本保额； 若被保险人在第 2 个保单周年日前参加指定运动记录平台活动且在第 2 个保单周年日后轻症： 达到运动标准一（累计 18 个月每月至少有 25 天每天运动步数不少于 10000 步），额外给付 1% 基本保额； 达到运动标准二（累计 24 个月每月至少有 25 天每天运动步数不少于 10000 步），额外给付 2% 基本保额

（续表）

有最高保障年龄限制	等待期内轻症，退还已交保费； 意外或等待期后轻症，首次至第五次，给付 20% 基本保额，保障至 88 周岁
轻症责任翻倍	等待期内轻症，退还已交保费； 意外或等待期后轻症，首次至第三次，给付 30% 基本保额； 若被保险人在 66 周岁前轻症，额外给付 30% 基本保额

（三）中症

中症责任，即被保险人罹患合同中所列的中症疾病，得到中症疾病保险金的赔付。中症的赔付标准介于重症和轻症之间，赔付额度一般为 50%—60% 基本保额。

1. 中症病种数量

2020 年统计的重疾险产品，中症病种数量在 10—30 种之间，平均水平由 2019 年的 12 种增长到 15 种。2020 年中症数量在 20 种之上的比例为 45%，2019 年该比例为 37%。

2. 中症分组和赔付次数

2020 年统计的重疾险产品，98% 包含中症责任的产品不分组，而中症分组的产品中，分组数为 2 组到 5 组。91% 包含中症责任的产品为多次赔付。其中 2 次给付最为常见，比例为 80%。极个别产品中症赔付多达 5 次（因比例较低故未在表 10 中列出）。此外，93% 的中症多次赔付产品无时间间隔，少数产品规定赔付间隔为 90 天或 180 天。

表 9　重疾险产品中症分组统计

中症分组	比例		变化趋势
	2019 年	2020 年	
分组	1%	2%	↑
不分组	99%	98%	↓

表 10　重疾险产品中症赔付次数统计

中症赔付次数	比例		变化趋势
	2019 年	2020 年	
1 次	7%	9%	↑
2 次	80%	80%	→
3 次	13%	10%	↓
每项中症可给付一次，累计给付以约定限额为限	—	1%	—

表 11　重疾险产品中症赔付时间间隔统计

中症赔付时间间隔	比例		变化趋势
	2019 年	2020 年	
90 天	6%	5%	↓
180 天	2%	2%	→
无	92%	93%	↑

3. 中症赔付方式

2020 年含中症责任的重疾产品比例较 2019 年进一步上升。大多数产品中症责任设置较为简单，一般为“等待期内中症，退还已交保费（或不承担中症责任，合同继续有效），意外或等待期后中症，给付一定比例的基本保额”，给付比例通常为 50%—70%，个别产品设置中症责任赔付可高达 75% 甚至 100%。

表 12 中症赔付方式举例

与罹患中症次数相关	等待期内中症，退还已交保费； 意外或等待期后中症： 首次，给付 40% 基本保额； 第二次，给付 50% 基本保额； 第三次，给付 60% 基本保额
附加一定条件的额外赔付	等待期内中症，不承担保险责任，该一种或多种中症责任终止，其余中症责任继续有效，合同继续有效； 意外或等待期后中症，首次至第二次，给付 60% 基本保额； 若被保险人在 60 周岁保单周年日前首次确诊中症，额外给付 15% 基本保额
与是否参加指定运动相关	等待期内中症，退还已交保费； 意外或等待期后中症，给付 50% 基本保额； 若被保险人在第 2 个保单周年日前参加指定运动记录平台活动且在第 2 个保单周年日后中症： 达到运动标准一（累计 15 个月每月至少有 20 天每天运动步数不少于 10000 步），额外给付 2.5% 基本保额； 达到运动标准二（累计 20 个月每月至少有 20 天每天运动步数不少于 10000 步），额外给付 5% 基本保额
有最高保障年龄限制	等待期内中症，退还已交保费； 意外或等待期后中症，给付 30% 基本保额，保障至 88 周岁
中症责任翻倍	等待期内中症，退还已交保费； 意外或等待期后中症，首次至第二次，给付 50% 基本保额； 若被保险人在 66 周岁前中症，额外给付 50% 基本保额

（四）特定疾病

特定疾病责任，即被保险人罹患合同中所列的特定疾病，得到特定疾病保险金的赔付。特定疾病的赔付一般在重症赔付的基础上额外给付一定比例的基本保额，相当于特定疾病可以获得更高额度的赔偿。2020 年统计的重疾险产品，特定疾病额外给付比例通常为 50%—100%，个别产品设置特定疾病责任额外赔付可高达 150% 甚至 200%。

1. 特定疾病病种数量

2020 年统计的重疾险产品，特定疾病病种数量范围在 1—25 种之间。

2. 特定疾病赔付方式

2020 年统计的重疾险产品，特定疾病的责任设置一般为“意外或等待期后特定疾病，满足某条件限制，额外给付一定比例的基本保额”。

表 13　特定疾病赔付方式举例

有保障年龄限制	意外或等待期后，18 周岁前少儿特定重疾，额外给付基本保额
与罹患病种相关	意外或等待期后： 20 周岁前少儿特定重疾，额外给付 150% 基本保额； 20 周岁后少儿罕见重疾，额外给付 200% 基本保额

（五）身故和全残责任

身故（全残）责任，即被保险人身故（全残），得到身故（全残）保险金赔付。

2020 年统计的重疾险产品中，约 85% 的产品包含身故责任，其中身故返保额的重疾险比例为 79%。身故责任设置一般为“等待期内身故，退还已交保费；意外或等待期后身故：18 周岁前，退还已交保费；18 周岁后，给付基本保额”。

2020 年统计的重疾险产品中，约 35% 的产品包含全残责任。全残责任一般随身故责任出现，且绝大多数产品责任设置与身故责任相同。

（六）终末期疾病责任

终末期疾病责任，即被保险人的病情已经无法治疗或缓解，且将导致被保险人在未来 6 个月内死亡，被保险人因此得到终末期疾病保险金赔付。重疾险产品可以通过 2 种方式包含终末期疾病责任。一种为显性方式，保险责任中包括终末期疾病责任项，给付终末期疾病保险金；另一种为隐性方式，终末期疾病属于重大疾病的范畴，给付重大疾病保险金。对于显性包含终末期疾病责任项的产品，绝大部分的终末期疾病责任设置与身故责任相同。

在 2020 年，含终末期疾病责任（显性方式）的产品比例为 22%，含终末期疾病责任（隐性方式）的产品比例为 3%。

（七）保费豁免

保费豁免责任，即交费期内，投保人或被保险人若发生合同里规定的保险事故，保险公司将豁免投保人尚未缴纳的保险费，但保险合同依然有效。

以轻症豁免为例，当被保险人在交费期间发生合同中所列的轻症后，不用再交之后的保费。但保险合同依然有效，未来若发生合同里所列的重症或者其他保险事故，可以得到相应的赔偿。保险公司提供本项利益责任的成本相对较高。

重疾险的主要保费豁免责任包含：被保险人轻症豁免、被保险人中症豁免和被保险人重症豁免，大多直接体现在主险合同里。而投保人相关的豁免责任，如投保人全残豁免、投保人身故豁免、投保人轻症豁免、投保人中症豁免和投保人重症豁免，大多体现在单独的附加险中。表 14 为 2020 年重疾险中主要豁免责任所占比例。

表 14　重疾险产品主要豁免责任出现比例

豁免责任	比例		变化趋势
	2019 年	2020 年	
被保险人轻症豁免	86%	81%	↓
被保险人中症豁免	46%	63%	↑
被保险人重症豁免	58%	54%	↓

（八）疾病其他责任

重疾险产品的责任愈加丰富与复杂，除本分报告上述责任，2020 年统计的重疾险产品还涉及如下责任：癌症多次给付责任、特定心脑血管疾病相关责任（如二三次急性心肌梗死 / 脑中风后遗症责任等）、重疾陪护金责任、特定肿瘤切除术责任、独立生活能力丧失（或失能）责任和糖尿病并发症相关责任等。

表 15　疾病其他责任赔付方式举例

癌症多次给付责任	首次癌症确诊 3 年后仍处于癌症状态，给付 120% 基本保额 癌症状态：新发、复发、转移、持续存在
特定心脑血管疾病相关责任（如二三次急性心肌梗死 / 脑中风后遗症责任等）	第二次、第三次急性心肌梗死保险金： 首次急性心肌梗塞确诊 5 年后再次确诊，给付基本保额； 前项急性心肌梗塞确诊 5 年后再次确诊，给付基本保额 第二次、第三次脑中风后遗症保险金： 首次脑中风后遗症确诊 5 年后新发，给付基本保额； 前项脑中风后遗症确诊 5 年后新发，给付基本保额
重疾陪护金责任	25 周岁保单周年日前重疾，每月给付 2000 元，至多给付 6 个月，若 6 个月内身故，一次性给付剩余陪护金 少儿特定重疾陪护保险金： 25 周岁保单周年日前少儿特定重疾，每月给付 2000 元，至多给付 6 个月，若 6 个月内身故，一次性给付剩余陪护金
特定肿瘤切除术责任	意外或等待期后，首次确诊并实施特定肿瘤切除术，给付 10% 基本保额，累计给付三次 发生特定肿瘤切除术的器官：脊髓、心脏、肺脏、肝脏、胰脏、肾脏、膀胱、输尿管、睾丸、食道、胃、小肠、大肠、乳房
独立生活能力丧失（或失能）责任	等待期内首次发病造成导致扩展性独立生活能力丧失，退还已交保费； 意外或等待期后重疾首次发病造成导致扩展性独立生活能力丧失，给付已交保费、基本保额、现金价值三金取大 若被保险人在 70 周岁前： 患 1 次轻症，额外给付 20% 基本保额； 患 2 次轻症，额外给付 40% 基本保额； 患 3 次轻症，额外给付 60% 基本保额； 患 4 次轻症，额外给付 80% 基本保额； 患 5 次轻症，额外给付 100% 基本保额

（续表）

糖尿病并发症相关责任	等待期内糖尿病特定并发疾病，退还已交保费； 意外或等待期后，75 周岁前糖尿病特定并发疾病，额外给付 20% 基本保额 糖尿病特定并发疾病：严重慢性肾衰竭、多个肢体缺失、双目失明、胰腺移植、失去一肢及一眼

二、免责条款

重疾险的免责条款较为规范，2020 年统计的重疾险产品的免责数量在 5 条至 9 条之间，平均免责数量为 8 条。重疾责任的免责条款通常是在身故责任免责条款的基础上增加先天性疾病和艾滋病。

表 16　重疾险产品常见免责条款情况统计①

免责条款		比例		变化趋势
		2019 年	2020 年	
1	投保人对被保险人的故意杀害、故意伤害	100%	100%	→
2	被保险人故意犯罪或者抗拒依法采取的刑事强制措施	100%	100%	→
3	被保险人在本合同成立日或最后复效日（以较迟者为准）起两年内自杀，但被保险人自杀时为无民事行为能力人的除外	55%	74%	↑
4	被保险人主动服用、吸食、注射毒品	96%	99%	↑
5	被保险人酒后驾驶，无合法有效驾驶证驾驶，或驾驶无有效行驶证的机动车	96%	98%	↑
6	核爆炸、核辐射或核污染	95%	96%	↑

① 表 16 的统计逻辑做了修正，因此与 2020 版报告数据会有出入，请以本报告为准。

（续表）

免责条款		比例		变化趋势
		2019 年	2020 年	
7	战争、军事冲突、暴乱或武装叛乱	95%	96%	↑
8	被保险人未遵医嘱，私自服用、涂用、注射药物	10%	4%	↓
9	被保险人患先天性畸形、变形或染色体异常以及上述疾病的并发症	96%	99%	↑
10	被保险人患艾滋病（AIDS）或感染艾滋病病毒（HIV）及并发症	97%	97%	→

三、普通条款

（一）投保年龄

2020 年统计的重疾险产品的投保年龄范围为 0—70 周岁。

表 17　重疾险产品最低投保年龄统计

最低投保年龄	比例		变化趋势
	2019 年	2020 年	
0 周岁	90%	84%	↓
18 周岁	3%	4%	↑
没有明确	7%	12%	↑

表 18　重疾险产品最高投保年龄统计[①]

最高投保年龄	比例		变化趋势
	2019 年	2020 年	
17 周岁	8%	9%	↑
50 周岁	13%	8%	↓

① 表 18 统计项目为 2021 年报告重构或新增。

（续表）

最高投保年龄	比例		变化趋势
	2019 年	2020 年	
55 周岁	24%	16%	↓
60 周岁	32%	29%	↓
65 周岁	12%	18%	↑
没有明确	6%	12%	↑
其他	4%	8%	↑

（二）保险期间

根据保险期间，重疾险产品可以分为短期重疾险和长期重疾险两大类。其中短期重大疾病保险的保险期间为 1 年。长期重大疾病保险又可以分为终身型和定期型。以下统计分析均针对长期重疾险。终身型重大疾病保险在人生任何时段发生保单规定的责任都可以赔偿。定期型重大疾病保险的保险期间比较多样化，一般分为两种：固定保障年份和固定保障年龄。2020 年统计的重疾险产品以终身型居多，比例为 77%。

重疾定期型产品的固定保障年份以 20 年、30 年为主，固定保障年龄以至 60 周岁、至 70 周岁、至 80 周岁为主。

表 19 重疾险产品保险期间统计

重疾保险期间	比例		变化趋势
	2019 年	2020 年	
终身	73%	77%	↑
定期—固定年份	10%	13%	↑
定期—固定年龄	16%	10%	↓

（三）交费方式

重疾险的交费方式一般分为三种：趸交、年交和交至固定年龄。2020 年统计的重疾险产品中，39% 的产品提供趸交的方式，81% 的产品提供年交方式，5% 的产品提供交至固定年龄的方式。此外，在年交方式中，最为常见的设置为 10 年交、15 年交和 20 年交。

（四）犹豫期

由于监管规定长期健康险产品的犹豫期不得少于 15 天，2020 年统计的重疾险产品，犹豫期设置均大于等于 15 天。

表 20　重疾险产品犹豫期统计

犹豫期	比例		变化趋势
	2019 年	2020 年	
10 天	13%	—	—
不低于 10 天[①]	1%	—	—
15 天	81%	94%	↑
16 天	—	1%	—
20 天	4%	5%	↑

（五）等待期

2020 年统计的重疾险产品，等待期设置多为 90 天或 180 天，比例分别为 70% 和 29%。

① “不低于10天”为条款中的写法，没有明确具体的天数，这里作为单独一类犹豫期展示。

表 21　重疾险产品等待期统计

等待期	比例		变化趋势
	2019 年	2020 年	
90 天	71%	70%	↓
180 天	28%	29%	↑
没有明确	2%	1%	↓

四、产品比较分析

重疾险是一类责任设置较为复杂的保险产品，在产品对比中，不能直接简单地进行价格比较，即费率便宜的产品不一定性价比高。因此，重疾险很难像定期寿险和终身寿险一样，直接利用价格来体现产品性价比或产品价格水平。

本分报告对市场上终身型重大疾病保险的费率及评级情况做了抽样对比来详细说明。以 30 岁男性、交费期 20 年、保险期间终身的重大疾病保险产品为例，产品对比结果见表 22。

表 22　终身型重疾保险产品评级情况

产品	千元保额费率	价格评级	综合评级	主要责任
产品 A	28.9	★★★	★★★	身故给付基本保额； 重疾 120 种 /1 次 / 基本保额； 轻症 60 种 /5 次 /20% 基本保额； 轻症豁免

（续表）

产品	千元保额费率	价格评级	综合评级	主要责任
产品 B	23.03	★★★★★	★★★★	身故给付基本保额； 重疾 110 种 /1 次 / 基本保额 /60 周岁前额外给付 80% 基本保额； 中症 25 种 /2 次 /60% 基本保额； 轻症 50 种 /3 次 /45% 基本保额； 二次确诊早期恶性肿瘤或恶性病变、不典型心肌梗死、微创冠状动脉搭桥手术、微创冠状动脉介入手术给付 45% 保额； 可选：重疾后再次确诊癌症、特定心血管疾病，给付 150% 保额； 中症、轻症豁免
产品 C	23.86	★★★★	★★★	身故给付基本保额； 重疾 125 种 /2 次，分别为 100%、120% 基本保额 / 间隔 365 天 / 前 15 年首次重疾多赔 50% 基本保额； 中症 20 种 /2 次，分别为 50%、60% 基本保额； 轻症 50 种 /3 次，分别为 30%、40%、50% 基本保额； 少儿特定重疾 20 种 /150% 基本保额； 可选：首次癌症 365 天后在指定医院治疗，额外给付 30% 保额，一年 1 次，累计 3 次为限； 重症、中症、轻症豁免

由表 22 可知，三款重疾险产品保障责任差异较大，单从价格方面来看，产品 B 为某中小型公司的互联网产品，其责任保障全面且价格最低，

因此性价比最高，价格评级为 5 星。与之形成鲜明对比的是产品 A，为某大型公司重疾产品，责任保障相对简单，但价格最高，因此价格评级只有 3 星。产品 B 与产品 C 价格相似，保障责任都很全面，很难直接评判性价比情况。而通过精算建模，计算出的价格评级能够真正反映出产品的责任是否与价格对等，从而使得产品间具备可比性。此外，表 22 里的综合评级是综合考虑了公司的管理水平、服务水平、风控水平等方面的结果，是产品综合水平的体现。

分报告四
2020 年年金保险产品数据统计

《分报告四——2020 年年金保险产品数据统计》的分析数据均来自市场公开信息，如产品条款，产品费率等。本分报告以下的统计分析结果基于 148 款报备年度为 2020 年的年金保险产品。

年金保险产品根据是否针对老龄群体提供保障，可分为普通年金和养老年金。2020 年统计的年金保险产品中，养老年金的占比是 36%。

一、保险责任

年金保险的责任设置通常以生存给付为主，身故（或全残）赔偿为辅[①]。

（一）身故责任

普通年金和养老年金在身故（或全残）责任中的给付设置有所不同。

① 注：2020 年仅 12% 的年金保险涉及全残责任，且其给付同身故。

普通年金方面，身故给付以“已交保费与现金价值两金取大”为主，且2020年相较于2019年有所上升；此外，“年金领取日前后进行责任划分[①]”与“退还已交保费”的身故设置则为普通年金中的次要给付方式，且2020年占比有所下降。养老年金方面，2020年相较于2019年有较大变化，“已交保费与现金价值两金取大”的身故给付方式占比大幅下降，72%的产品对年金领取日前后的身故给付进行了划分，更加适配养老金的现金流设置。具体见表1。

表1　年金保险身故责任主要给付方式统计[②]

产品类型	身故责任给付内容	比例		变化趋势
		2019年	2020年	
普通年金	已交保费和现金价值两金取大	75%	79%	↑
	年金领取日前后进行责任划分	12%	8%	↓
	退还已交保费	12%	10%	↓
	其他	—	2%	—
养老年金	已交保费和现金价值两金取大	67%	31%	↓
	年金领取日前后进行责任划分	31%	69%	↑
	其他	1%	—	—

① 注：以年金领取日为分水岭，领取日前身故一般为给付已交保费与现金价值两金取大，领取日后身故一般为给付未领取保证年金或其他形式。

② 注：受报告结构优化、产品分类调整的影响，本报告中2019年的数据与上一年报告中的数据有所不同。且受分项统计过程中四舍五入的影响，本表加和与100%略有差别。

（二）年金责任

1. 普通年金责任

在保险条款中，通常以“生存年金”“生存保险金”和“年金”三种名称出现。该项责任一般从某个保单周年日或特定年龄起，给付被保险人一定数额的生存保险金，给付期限包含定期和终身给付，起到平滑各个年龄段收入，规避经济波动风险，保全资产的作用。

2. 养老金责任

在保险条款中，此类责任项除了被称为“养老金”外，还可能被命名为“关爱金”“呵护金”和“祝福金”等。该项责任应在高龄（退休年龄或 60 周岁附近）开始集中持续给付，其能够在被保险人处于低收入或无收入状态时为被保险人提供生活保障。

3. 教育金责任

在保险条款中，通常以“教育金”“深造金”和“成长金”等与教育相关的名称出现。作为教育金产品，该项责任在设置时应仅在 14—28 周岁的教育年龄段集中给付。由于年金保险具有强制储蓄的功能，被打上“教育”标签的年金能有效做到专款专用，避免其他消费侵占教育资金，防范风险，给成长阶段的青少年提供资金保障。

4. 特定生存年金责任

该项责任仅在某一约定的保单周年日或被保险人约定年龄给付一定数额的年金。在条款中有时表现为“学业有成金”“祝寿金”和“特别关爱金”等。

5. 满期金责任

被保险人生存至合同期满时的单次给付责任。需要注意的是，如果满期金的金额设置过高，会直接稀释教育金和养老金这类核心年金责任领取期的领取金额。

表 2　年金保险责任统计

保险责任	比例		变化趋势
	2019 年	2020 年	
普通年金	77%	66%	↓
教育金	8%	3%	↓
养老金	30%	36%	↑
特定生存年金	51%	34%	↓
满期金	55%	34%	↓

由表 2 可知，与 2019 年相比，除养老金外，其他生存责任的占比均有所下降。一方面，这说明了 2020 年的产品更加注重养老金方面责任的开发；另一方面，也说明了产品形态更加鲜明、责任更加集中。以往的产品可能会同时涉及普通年金责任、教育金责任及养老金责任等，而 2020 年的产品则展现出定位更为清晰的发展趋势。更多公司的产品开发战略和布局向养老领域倾斜，这很大程度上也是受到了 2020 年初 13 部委《关于促进社会服务领域商业保险发展的意见》① 的影响，文件的 11 条意见中有 4 条均涉及养老，其明确指出“加快发展商业养老保险”“探索满足 60 岁

① 注：中国银保监会等 13 部委《关于促进社会服务领域商业保险发展的意见》，银保监发〔2020〕4 号。

及以上老年人保险需求”等意见，并做出了具体要求，为各公司养老年金产品的开发提供了鲜明的政策指引。

二、免责条款

年金保险通常仅针对身故（或全残）保障责任设置免责条款，由于其杠杆率较低，免责条款的具体内容和数量一般不会影响消费者的选择。

由表 3 可知，7 条免责依旧是各产品的主流选择。相较于 2019 年，2020 年统计的年金保险产品中，3 条免责的产品比例明显上升，5 条、6 条免责的产品比例基本保持稳定，7 条、8 条免责的产品比例则呈现较为明显的下降。可见，年金保险的免责数量倾向于精简化，呈现以主要免责为核心的趋势。

表 3　年金保险免除责任比例统计

身故免责条款数量	比例		变化趋势
	2019 年	2020 年	
2 条	4%	4%	→
3 条	4%	16%	↑
4 条	3%	5%	↑
5 条	10%	10%	→
6 条	2%	3%	↑
7 条	68%	61%	↓
8 条	8%	1%	↓
9 条	2%	—	—
10 条	—	1%	—

2020 年统计的年金保险产品常见的 8 条免责条款出现的比例及其变化趋势如表 4 所示。

表 4 年金保险免除责任条款统计

免责条款		比例		变化趋势
		2019 年	2020 年	
1	投保人对被保险人的故意杀害、故意伤害	100%	100%	→
2	被保险人故意犯罪或者抗拒依法采取的刑事强制措施	100%	100%	→
3	被保险人在本合同成立日或最后复效日（以较迟者为准）起两年内自杀，但被保险人自杀时为无民事行为能力人的除外	90%	97%	↑
4	被保险人酒后驾驶，无合法有效驾驶证驾驶，或驾驶无有效行驶证的机动车	93%	78%	↓
5	被保险人主动服用、吸食、注射毒品	90%	78%	↓
6	核爆炸、核辐射或核污染	83%	67%	↓
7	战争、军事冲突、暴乱或武装叛乱	83%	67%	↓
8	被保险人未遵医嘱，私自服用、涂用、注射药物	10%	3%	↓

三、普通条款

（一）投保年龄

2020 年统计的年金保险产品中最小投保年龄为 0 周岁[①]，最大投保年龄为 80 周岁。2020 年，养老年金的投保年龄区间相较于 2019 年进一步

① 注：含 5 天、7 天、28 天、30 天或 0 周岁等，下同。

放宽，最低投保年龄分为 0 周岁与 55 周岁两种且 0 周岁占比显著提升，而最高投保年龄在 60—80 周岁的高年龄段产品比例也在增加。具体见表 5 和表 6。

表 5　养老年金最低投保年龄统计

最低投保年龄	比例		变化趋势
	2019 年	2020 年	
0 周岁	68%	83%	↑
18 周岁	5%	—	—
35 周岁	5%	—	—
40 周岁	5%	—	—
55 周岁	—	4%	—
没有明确	17%	13%	↓

表 6　养老年金最高投保年龄统计

最高投保年龄	比例		变化趋势
	2019 年	2020 年	
50 周岁	5%	2%	↓
51—60 周岁	38%	38%	→
61—70 周岁	33%	38%	↑
71—80 周岁	5%	11%	↑
没有明确	19%	13%	↓

（二）交费方式

年金交费方式较为灵活，投保人既可以选择一次性缴清，也可以选择按年缴款。

由表7可知，相较于2019年，2020年年金保险的交费方式更加多元化，各交费期间占比均有所提升。2020年，年金保险的交费方式仍以趸交、3年交、5年交、10年交为主，且提供趸交方式的产品显著增加。并且，2020年的年金保险提供更多的长期期交方式，其中以20年交为主，还有产品提供25年交、30年交的方式。此外，还有的产品分性别提供女性交费至55周岁、男性交费至60周岁的选择（因比例较低故未在表7中列出）。

表7　年金保险主要交费期间统计

交费方式	比例		变化趋势
	2019年	2020年	
趸交	29%	51%	↑
3年	51%	55%	↑
5年	49%	60%	↑
10年	36%	49%	↑
15年	4%	18%	↑
20年	6%	30%	↑
25年	—	3%	—
30年	—	3%	—

（三）年金领取

普通年金责任首次领取的时间通常是持有保单后的某个周年日，2020年统计的年金保险产品普遍设置为第5个、第6个或第7个保单周年日。

教育金责任和养老金责任则以特定年龄为界。教育金责任的首次领取时间仍以18周岁为主，也有个别产品被设计为15周岁或第7个保单周年日起领取。养老金责任则分为即期领取和延期领取，即期领取的首次领取时间一般为犹豫期满后次日，延期领取则根据性别为被保险人提供多种选择，男性可选60/65/70周岁等，女性可选50/55/60/65/70周岁等，部分产品还会同时约定“××周岁后且第5/6个保单周年日后”。此外，2020年市场上大部分养老年金约定了保证领取期间，一般为20年或至80周岁。

投保人在购买养老年金时，除了要选择首次领取年龄外，还需约定年金给付方式。给付方式一般有年领和月领两种，提供月领的养老年金产品比例为72%，按月领取的金额常设置为年领取额度的1/11.86、8.4%或8.5%。

（四）保险期间

年金保险的期间设置有三种：固定年限、固定年龄和终身，其中至100周岁及以上年龄的保险期间被统计在终身范畴内。

表8　年金保险产品保险期间统计

保险期间	比例		变化趋势
	2019年	2020年	
终身	38%	52%	↑
定期—固定年龄	10%	3%	↓
定期—固定年份	60%	41%	↓

由表8可知，相较于2019年，2020年保障期间为终身的年金保险产品比例增加，而固定年份或固定年龄的方式提供有所减少。这在一定程度上也反映了保险公司养老年金产品开发数量增多的趋势。

一般而言，以教育金为核心责任的产品保险期间的设置多为固定年龄，主要为至 21 周岁、至 22 周岁和至 30 周岁。

保险期间为固定期限的产品占比下降近 20 个百分点，其中最常见的保险期间为 10/15/20 年，比例分别为 14%、14% 与 9%。保险期间通常以 5 年为跨度，最少 10 年，最多 30 年。此外，2020 年的产品中还出现了 7 年、8 年的保险期间，这也是 2020 年开门红产品的主要形态；另外，2020 年还新出现了 8—30 年任选的保险期间设置。

（五）犹豫期

2020 年统计的年金保险产品中，犹豫期为 10 天与 20 天的产品比例均有所减少，犹豫期为 15 天的产品比例由 64% 大幅上升至 91%。整体来看，犹豫期呈延长趋势。

表 9　年金保险犹豫期统计

犹豫期	比例		变化趋势
	2019 年	2020 年	
10 天	22%	4%	↓
15 天	64%	91%	↑
20 天	8%	5%	↓

（六）保单贷款

2020 年统计的年金保险产品中，68% 的产品均可以申请保单贷款，最高贷款金额多为申请时现金价值净额的 80%，每次贷款最长期限一般为 6 个月（180 天）。

分报告五
2020 年万能保险产品数据统计

《分报告五——2020 年万能保险产品数据统计》的分析数据均来自市场公开信息，如产品条款，产品费率等。本分报告以下的统计分析结果基于 71 款报备年度为 2020 年的万能保险产品。

一、万能保险产品特有条款

（一）初始费用

初始费用即保险费进入万能账户之前扣除的费用，初始费用的扣取比例依交费方式而定。市场上万能保险产品的交费方式以趸交、追加、转入和期交为主。一般而言，消费者在投保时需要选择趸交或者期交的交费方式，并在后期可以选择追加、转入的交费方式。

由表 1 可知，2020 年统计的万能保险产品交费方式分布情况整体与 2019 年一致，无明显变化。提供趸交和追加方式的产品比例高，分别为 90% 和 100%。提供转入方式的产品比例为 59%。提供期交方式的产品比例相对较低，仅为 11%。万能保险交费方式统计结果见表 1。

表 1　万能保险交费方式统计 ①

交费方式	比例		变化趋势
	2019 年	2020 年	
趸交	93%	90%	↓
期交	10%	11%	↑
追加	100%	100%	→
转入	64%	59%	↓

1. 趸交

趸交即一次性交清保费，其初始费用多以一个固定比例扣取。2020 年统计的万能保险产品中，38% 的产品扣费比例为 1%，22% 的产品扣费比例为 2%，30% 的产品扣费比例为 3%。

少数产品会设置一个分界线，如趸交保费在分界线以上，则收取较低比例的初始费用；如趸交保费低于分界线，则收取较高比例的初始费用。如某产品规定“一次交清保险费，若保险费为人民币 5 万元及以下部分，则初始费用比例为 5%；若保险费为人民币 5 万元以上部分，则初始费用比例为 3%”。万能保险趸交保费扣费比例统计结果详见表 2。

① 表 1 统计项目为 2021 年报告新增，且因为万能保险产品可以选择多种交费方式，所以各个比例相加会超过 100%。

表 2　万能保险趸交保费扣费比例统计

趸交保费扣费比例	比例		变化趋势
	2019 年	2020 年	
1%	40%	38%	↓
2%	16%	22%	↑
3%	41%	30%	↓
5 万以下 5%，5 万以上 3%	1%	6%	↑
不超过 5%	1%	—	—
其他	1%	5%	↑

2. 追加

追加保费是相对灵活的交费方式，投保人在保单中选择了变额交费方式后，可在保单年度内随时交纳任意金额的保险费进入万能账户进行投资。由表 3 可知，2020 年统计的万能保险产品追加保费扣费比例情况整体与 2019 年一致，无明显变化，但追加保费的扣费形式更加多样化。少数产品会设置不同初始扣费比例，如："约定追加保险费，收取额度为 1%；自主追加保险费，收取额度为 3%"；再如"追加保险费的初始费用：（1）如您以约定保险合同的保险金、红利支付追加保险费的，我们按追加保险费的 1% 收取初始费用；（2）如您以其他资金支付追加保险费的，我们按追加保险费的 3% 收取初始费用"。此外，另有少数产品以交费年限为分界，最开始几年收取较高比例的初始费用，之后收取较低比例初始费用，如"对于定期追加保险费、不定期追加保险费，前 3 个保单年度，我们按该保险费数额的 2% 收取初始费用，自第 4 个保单年度起，我们按该保险费数额的 1% 收取初始费用”。万能保险追加保费扣费比例统计结果见表 3。

表 3　万能保险追加保费的扣费比例统计

追加保费扣费比例	比例		变化趋势
	2019 年	2020 年	
1%	38%	37%	↓
2%	18%	15%	↓
3%	39%	34%	↓
2%/2%/2%/1% × n	—	1%	—
约定保险金、红利 1%；其他资金 3%	—	4%	—
约定追加 1%；自主追加 3%	—	4%	—
其他	4%	5%	↑

3. 转入

转入保费是指从本产品或其他产品的保险金给付转入万能险账户。比如年金保险（万能型）产品，待领取的年金就可以选择转入万能险账户。转入保费的初始费用均以一个固定比例扣取。2020 年统计的包含转入交费方式的产品中，7% 的产品扣费比例为 0.5%，88% 的产品扣费比例为 1%，5% 的产品扣费比例为 2%。万能保险转入保费扣费比例统计结果详见表 4。

（续表）

表 4　万能保险转入保费扣费比例统计[①]

转入保费扣费比例	比例		变化趋势
	2019 年	2020 年	
0.5%	6%	7%	↑
1%	94%	88%	↓
2%	—	5%	—

4. 期交

期交保费是指定期缴纳保险费用。由于万能险保费交费方式灵活，所有产品均可追加保费，多数产品可趸交保费，期交保费也可以通过趸交和追加保费组合交费的方式实现，加之期交保费一般前几期扣费比例较高，故仅有少数产品在条款中包含了期交保费的交费方式。2020 年统计的万能保险产品中仅有 8 款产品在条款中包含了期交保费的交费方式，其具体扣费比例情况见表 5。

表 5　万能保险趸交、期交及追加保费的扣费比例对比统计

产品	期交保费扣费比例	追加保费扣费比例	趸交保费扣费比例
产品 A	1%	1%	无趸交交费方式
产品 B	2%	2%	无趸交交费方式
产品 C、D	5%	3%	无趸交交费方式
产品 E	5%	3%	5 万以下 5%， 5 万以上 3%

① 表 4 统计项目为 2021 年报告新增。

产品	期交保费扣费比例	追加保费扣费比例	趸交保费扣费比例
产品 F	3 年交：5%/1%/1% 5 年交：5%/1%/1%/1%/1%	3%	无趸交交费方式
产品 G	6000 以下： 50%/25%/15%/10%/10%/5% × n 6000 以上：3%	3%	无趸交交费方式
产品 H	10000 以下： 50%/25%/15%/10%/10%/5% × n 10000 以上：3%	3%	无趸交交费方式

总体来看，期交交费方式较追加交费方式，并无明显优势。反而在一定金额限制下，期交交费的扣费比例远高于追加交费方式。

（二）退保费用

退保费用即保单退保时保险公司收取的费用。万能险的退保费用为其账户价值乘以约定比例。一般而言，保险公司会设置退保费用收取年限，超过年限时退保不收取费用。同时，在年限内退保或部分领取，费率逐年递减。2020 年统计的万能保险退保费收取年限均为 5 年，相较于 2019 年，退保费用率为“3%/2%/1%/1%/1%”的产品比例明显提升，而扣费比例为“5%/4%/3%/2%/1%”的产品比例明显下降。可见，万能保险退保费用率呈下降趋势，其收取年限及比例统计结果见表 6。

表 6　万能保险退保费用率收取年限及比例分布

时间	退保费用扣费比例	比例		变化趋势
		2019 年	2020 年	
5 年	3%/2%/1%/1%/1%	21%	30%	↑
	5%/4%/3%/2%/1%	68%	59%	↓
	其他	9%	9%	→
3 年	5%/4%/3%	1%	—	—

（三）部分领取费用

部分领取费用类似退保费用，即保单部分领取时保险公司收取的费用。万能险的部分领取费用为部分领取部分对应的保单账户价值乘以约定比例。2020 年统计的万能保险产品的部分领取费用的收取比例和退保费用的收取比例均相同。此外，两款产品对于部分领取手续费进行了特别规定，如“对同一保单年度的前四次部分领取，我们不收取部分领取手续费；对同一保单年度第五次及以后的各次部分领取，我们每次收取部分领取手续费 20 元。”

（四）保单管理费

保单管理费，即保险公司为维护保险合同向投保人或被保险人收取的管理费用。《中国保监会关于万能型人身保险费率政策改革有关事项的通知》明确规定，“保单管理费应当是一个不受保单账户价值变动影响的固定金额，在保单首年度与续年度可以不同；保险公司不得以保单账户价值一定比例的形式收取保单管理费”。当前市场上绝大多数万能保险产品已不收取保单管理费，但部分产品会保留未来收取或调整保单管理费的权利。2020 年统计的万能保险产品中，仅有一款产品在产品条款中明确表示收取保单管理费，收取标准为“每月结算日收取上个月的保单管理费 5 元，该费用从个人账户中扣除”。

（五）奖励金

为鼓励万能保险购买者长期持有保单，或鼓励期交保费的购买者持续交费，部分保险公司会在持有保单某个年度后按期或一次性给付消费者已交保费、期交保费或账户价值一定比例的金额作为奖励金。本报告从奖励起始时间、奖励基础和奖励方式三个角度来分析万能保险奖励金设置。

2020 年统计的万能保险产品中，83% 的产品明确说明了奖励金的领取方式。由表 7 可知，奖励时间在第 5 个保单周年日的产品比例减少，在第 6 个保单周年日的比例增加。整体来看，奖励时间呈延后的趋势。

表 7　万能保险奖励金起始时间及比例分布

奖励起始时间	比例		变化趋势
	2019 年	2020 年	
第 1 个保单周年日	—	2%	—
第 5 个保单周年日	73%	65%	↓
第 6 个保单周年日	20%	29%	↑
第 10 个保单周年日	7%	—	—
保险期满日	—	3%	—
缴纳最后一期期交保费后	—	2%	—

奖励基础大多为已交保费，具体分为已交保费、累计转入保费、累计追加保费等情况。奖励方式多为奖励基础乘以一个比例，绝大多数为 1%，每年奖励一次。其余产品奖励方式类似，只是在给付基础、给付比例或给付频率方面稍有所不同。

（六）保证利率

保证利率即账户价值最低结算利率。2020 年统计的万能保险产品平均保证利率为 2.59%，且保证利率为 2.5% 的产品比例由 43% 上升至 54%，保证利率为 3% 的产品比例由 43% 下降至 32%。可见，保证利率整体呈下降趋势。万能保险保证利率的统计结果见表 8。

表 8　万能保险保证利率统计

保证利率	比例		变化趋势
	2019 年	2020 年	
1.75%	4%	6%	↑
2.00%	7%	7%	→
2.50%	43%	54%	↑
3.00%	43%	32%	↓
其他	3%	1%	↓

二、万能保险产品结算利率分析

《中国保监会关于万能型人身保险费率政策改革有关事项的通知》规定，保险公司应当根据万能单独账户资产的实际投资状况确定结算利率。

结算利率不得低于最低保证利率。本报告调查了 48 家保险公司下设的 1597 个万能险账户。从统计结果来看，2020 年万能险产品结算利率均值为 4.26%，标准差平均为 0.7916%。2020 年万能险产品平均收益率分布情况见表 9。

表 9　万能保险产品收益率均值分布[①]

收益率均值分布（R）	比例		变化趋势
	2019 年	2020 年	
R ≥ 6.0%	0.95%	—	—
5.5% ≤ R<6.0%	6.48%	1.75%	↓
5.0% ≤ R<5.5%	20.68%	15.68%	↓
4.5% ≤ R<5.0%	30.15%	31.70%	↑
4.0% ≤ R<4.5%	15.88%	20.26%	↑
3.5% ≤ R<4.0%	13.33%	16.22%	↑
3.0% ≤ R<3.5%	2.26%	1.68%	↓
2.5% ≤ R<3.0%	10.05%	12.45%	↑
2.0% ≤ R<2.5%	0.07%	0.13%	↑
0.5% ≤ R<1.0%	0.07%	0.07%	→
0<R<0.5%	0.07%	0.07%	→

由表 9 可知，与 2019 年市场上万能险收益率表现相比，2020 年市场整体经济下行，受低利率环境影响，万能险账户收益率整体有所下降。此外，监管部门敦促保司对万能险业务进行整改，加强账户管理，严格避免利差损等风险隐患，促进行业持续稳健发展，让“保险姓保”回归本源。

---

① 本表中 2019 年及 2020 年数据均基于上述 1597 个万能险账户的结算利率进行统计，因此 2019 年的数据与去年报告存在差异。

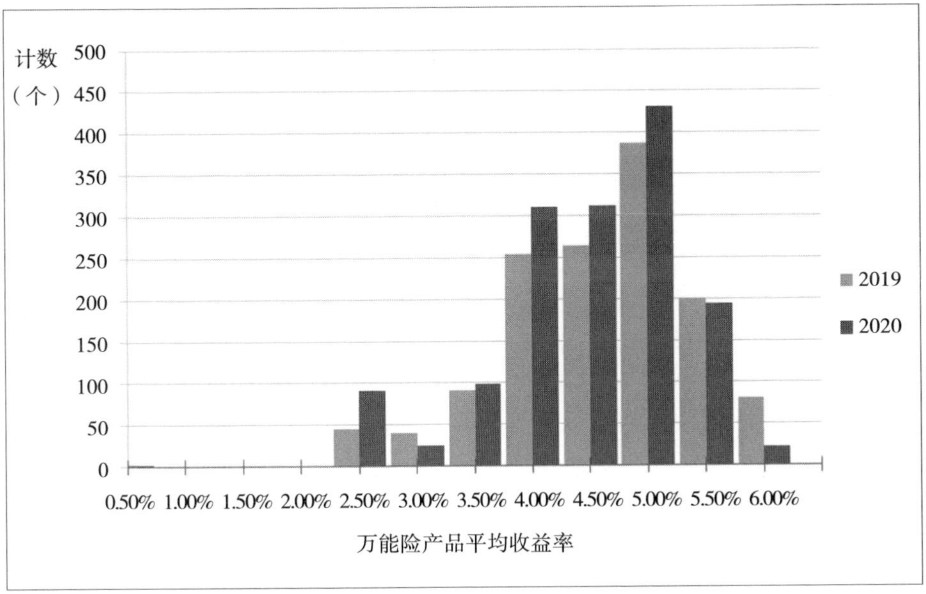

图 1　万能保险 2020 年收益率均值分布

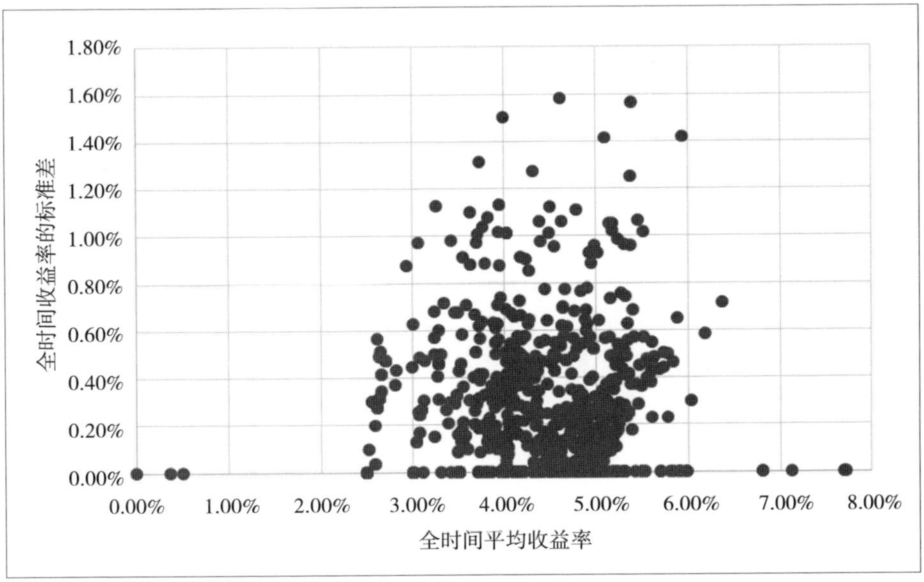

图 2　万能保险产品全时间收益率与标准差散点图

图 1 展示了万能险产品 2020 年收益率均值具体分布，万能险收益率集中在 2.25%—5.75% 之间，其中 4.75%—5.25% 占比最高。结合图 2 可知，万能险产品之间收益率的差异相对较小，同一万能险产品不同月份间的收益率基本稳健，变动幅度较小，很多产品的月度收益率几乎维持不变。

表 10　万能保险所属公司产品收益率均值（年化）排名①

名次	公司名称	近三个月收益率均值	近半年收益率均值	近一年收益率均值	全时间收益率均值	全时间收益率方差
1	公司 A	4.47%	4.47%	4.88%	5.02%	0.000946%
2	公司 B	4.82%	4.82%	4.83%	4.90%	0.000178%
3	公司 C	4.80%	4.80%	4.82%	4.92%	0.000203%
4	公司 D	4.75%	4.75%	4.82%	4.92%	0.000344%
5	公司 E	4.74%	4.78%	4.81%	4.87%	0.000106%
6	公司 F	4.79%	4.77%	4.78%	4.84%	0.000125%
7	公司 G	4.77%	4.77%	4.77%	5.01%	0.000983%
8	公司 H	4.78%	4.75%	4.76%	4.61%	0.001417%
9	公司 I	4.67%	4.68%	4.74%	4.93%	0.000388%
10	公司 J	4.68%	4.68%	4.70%	4.73%	0.000105%
11	公司 K	4.70%	4.70%	4.66%	4.64%	0.000020%
12	公司 L	4.60%	4.63%	4.66%	4.70%	0.000147%
13	公司 M	4.61%	4.60%	4.64%	4.76%	0.000238%
14	公司 N	4.57%	4.57%	4.63%	4.76%	0.000399%
15	公司 O	4.60%	4.60%	4.62%	4.83%	0.001094%

① 近三个月、近半年以及近一年对应时间点分别为：2021.4-2021.6、2021.1-2021.6 和 2020.7-2021.6。

表 11　三类公司万能保险产品收益率均值①

公司类型	近三个月收益率均值	近半年收益率均值	近一年收益率均值	全时间收益率均值	全时间收益率方差
大型公司	4.18%	4.18%	4.21%	4.42%	0.0011%
中型公司	4.17%	4.17%	4.21%	4.40%	0.0011%
小型公司	4.39%	4.38%	4.40%	4.47%	0.0003%

表 10 以各保险公司万能险账户近一年年化结算利率均值为排序标准，展示了前 15 名保险公司不同时段的结算利率情况。由 15 家公司的万能险产品结算利率可以看出，多家公司均存在“全时间收益率均值”大于前三列近期产品收益率的情况，这表明相较于往年，近一年产品收益率呈显著走低趋势。结合收益率方差分析，同一公司内部各万能险产品收益率差异较小。

表 11 展示了不同规模公司下设万能险产品收益率均值。通过数据分析，排名靠前（即万能险产品平均收益率较高）的保险公司中，小型公司所占比例更高；而排名靠后（即万能险产品平均收益率较低）的保险公司中，中型或大型公司所占比例较高。小型保险公司面对的市场竞争更激烈，投资行为相较更为激进，账户收益率更高；而规模较大的保司偏好相对稳健的投资行为，账户收益率普遍较低。

总体来看，虽然万能险初始扣费等其他手续费相对较多，但万能险产品收益较高且相对稳健，各产品均设有保证利率，总体风险可控。

① 注：本表根据公司资产规模对保险公司进行分类。

分报告六
2020 年中端医疗保险产品数据统计

《分报告六——2020 年中端医疗保险产品数据统计》的分析数据均来自市场公开信息，如产品条款，产品费率等。本分报告以下的统计分析结果基于75款2020年报备的中端医疗保险产品[①]。本分报告中统计的中端医疗保险产品特指短期高免赔额中端医疗保险产品，即百万医疗保险。

一、保险责任

中端医疗保险合同的主要责任为“一般医疗保险责任”，包括住院医疗费用、特殊门诊医疗费用、住院前后门急诊费用等。部分产品在此基础上补充“重大疾病医疗保险责任”或“恶性肿瘤医疗保险责任”，由于重

① 受爱选人身险产品库对医疗保险产品分类优化调整的影响，本分报告中统计的中端医疗保险产品特指短期高免赔额中端医疗保险产品（百万医疗保险）。长期医疗保险、高端医疗保险、特定药品费用医疗保险、防癌医疗保险及重大疾病医疗保险等均不在统计范围内，产品类型与2020年的《2020 中国人身保险产品研究报告——分报告七》不一致，故本分报告统计的2019年数据与去年报告存在差异。

大疾病（恶性肿瘤）所需的医疗费用远高于一般疾病，增加这两种责任可以对特定疾病提供额外补偿，使保障更加充足。

此外，2020 年统计的产品中超半数设置了质子重离子医疗保险责任，少部分产品还含有特定疾病及手术医疗保险责任、恶性肿瘤特定药品费用医疗保险责任等其他医疗责任。主要保险责任的统计结果见表 1。

表 1　中端医疗险产品主要保险责任统计表

<table>
<tr><th colspan="2" rowspan="2">保险责任</th><th colspan="2">比例</th><th rowspan="2">变化趋势</th></tr>
<tr><th>2019 年</th><th>2020 年</th></tr>
<tr><td rowspan="3">一般医疗保险责任</td><td>住院医疗费用</td><td>100%</td><td>100%</td><td>→</td></tr>
<tr><td>特殊门诊医疗费用</td><td>91%</td><td>92%</td><td>↑</td></tr>
<tr><td>住院前后门急诊费用</td><td>83%</td><td>87%</td><td>↑</td></tr>
<tr><td colspan="2">重大疾病医疗保险责任</td><td>70%</td><td>63%</td><td>↓</td></tr>
<tr><td colspan="2">恶性肿瘤医疗保险责任</td><td>23%</td><td>25%</td><td>↑</td></tr>
<tr><td rowspan="3">其他医疗保险责任</td><td>特定疾病及手术医疗保险责任</td><td>5%</td><td>8%</td><td>↑</td></tr>
<tr><td>质子重离子医疗保险责任</td><td>49%</td><td>55%</td><td>↑</td></tr>
<tr><td>恶性肿瘤特定药品费用医疗保险责任</td><td>6%</td><td>11%</td><td>↑</td></tr>
</table>

从上表可以看到，2019 年和 2020 年中端医疗险产品的责任设置均在一般医疗保险责任的住院医疗费用基础上进行扩展，2020 年一般医疗保险责任中的特殊门诊医疗费用和住院前后门急诊费用占比也有所上升。值得注意的是，自 2019 年以来，中端医疗险产品中重大疾病医疗保险责任和质子重离子医疗保险责任的出现比例维持高位，逐渐成为主流责任。特

定疾病及手术医疗保险责任和恶性肿瘤特定药品费用医疗保险责任的占比也呈上升趋势。

（一）一般医疗保险责任

指在合同有效期内，被保险人因遭受意外伤害事故或者在等待期后患疾病，经合同约定的医疗机构诊断必须接受治疗，且在约定医疗机构内接受治疗的，按照合同约定给付一般医疗保险金的责任。

一般医疗保险责任主要涵盖三大类费用：住院医疗费用、特殊门诊医疗费用及住院前后门急诊费用。

1. 住院医疗费用

指被保险人住院治疗期间实际发生并支付的、合理且必要的住院医疗费用。主要包含床位费（包括医院床位费、重症监护室床位费、加床费）、膳食费、药品费、材料费、诊疗费（医生费）、治疗费、护理费、检查化验费、手术费、器官移植费、救护车使用费等。住院医疗费用各项责任占比统计结果见表 2。

表 2　中端医疗险产品住院医疗费用各项责任占比统计

费用项目		比例		变化趋势
		2019 年	2020 年	
床位费	医院床位费	100%	100%	→
	重症监护室床位费	87%	77%	↓
	加床费	36%	40%	↑
药品费		100%	100%	→

（续表）

费用项目	比例		变化趋势
	2019 年	2020 年	
治疗费	100%	100%	→
检查化验费	100%	100%	→
护理费	96%	97%	↑
诊疗费（医生费）	98%	92%	↓
手术费	100%	100%	→
膳食费	94%	93%	↓
材料费	11%	27%	↑
器官移植费	2%	15%	↑
救护车使用费	51%	51%	→
其他费用	11%	16%	↑

总体上，相较于 2019 年，2020 年统计的中端医疗险涵盖的住院医疗费用项目在数量上呈增加的趋势，其中材料费和器官移植费的占比显著提高。各项住院医疗费用项目也更加集中和统一，多数产品都包含医院床位费、药品费、治疗费、检查化验费、护理费、诊疗费（医生费）、手术费及膳食费这八大类费用，此外，还有过半数的产品包含了救护车使用费。其他费用方面，2020 年的中端医疗险与 2019 年相比，新增费用中出现频次较多的有注射费、输氧费、冷暖气使用费等。

特别地，在药品费方面，不同的中端医疗险产品对于药品费所包含的药品范围规定有较大的差异，具体见表 3。

表 3　中端医疗险产品药品费范围占比统计

药品费范围	比例		变化趋势
	2019 年	2020 年	
不限社保用药	2%	5%	↑
不限社保用药，但不包括：中草药	11%	5%	↓
不限社保用药，但不包括：营养补充类药品，免疫功能调节类药品，美容及减肥类药品，预防类药品，中药类药品	75%	78%	↑
不限社保用药，但不包括：营养补充类药品，免疫功能调节类药品，美容及减肥类药品，预防类药品，中药类药品；自购药赔付 60%	9%	—	—
不限社保用药，但不包括：中药类药品（主要起营养滋补作用的单方，复方中药和中成药品；部分可入药的动物脏器；中药材和中药饮片炮制的各类酒制剂等）	—	5%	—
其他	4%	5%	↑

2020 年统计的中端医疗险产品中，约八成的产品不包含营养补充类、免疫功能调节类、美容及减肥类、预防类和中药类药品赔付责任，占比相较 2019 年有所提升，药品赔付责任趋于同质化。2020 年仅排除中草药类药品的中端医疗险产品占比明显下降。

2. 特殊门诊医疗费用

指被保险人以门诊方式接受特殊治疗期间实际发生并支付的合理且必要的门诊医疗费用。其中特殊治疗主要包含门诊肾透析、门诊恶性肿瘤治疗、器官移植后的门诊抗排异治疗及门诊手术。特殊门诊医疗各项目占比统计结果见表 4。

表 4　中端医疗险产品特殊门诊医疗各项目占比统计

特殊门诊医疗项目	比例		变化趋势
	2019 年	2020 年	
门诊肾透析	95%	100%	↑
门诊恶性肿瘤	95%	91%	↓
器官移植后的门诊抗排异	95%	100%	↑
门诊手术	84%	86%	↑

根据上表，2020 年含有特殊门诊医疗保险责任的中端医疗险产品基本都涵盖门诊肾透析、门诊恶性肿瘤及器官移植后的门诊抗排异治疗三大项目。其中少数产品的一般医疗保险责任未涵盖门诊恶性肿瘤项目，这是因为该项目已经被归入产品中的“重大疾病医疗保险责任”或“恶性肿瘤医疗保险责任”。

门诊恶性肿瘤责任中，有 90% 以上的产品涵盖化学疗法、放射疗法、肿瘤免疫疗法、肿瘤内分泌疗法、肿瘤靶向疗法五种疗法，少部分产品加入质子重离子疗法和矫形及重建手术责任等。

3. 住院前后门急诊费用

指被保险人在住院前及出院后若干天内，因与住院相同的原因进行门急诊医疗的费用。对于住院前及出院后的具体保障天数，各医疗险产品的规定有所不同，见表 5。

表 5　中端医疗险产品住院前后门急诊保障天数统计

住院前后门急诊保障天数	比例		变化趋势
	2019 年	2020 年	
住院前 7 天，出院后 7 天	11%	11%	→
住院前 7 天，出院后 14 天	—	3%	—
住院前 7 天，出院后 30 天	78%	68%	↓
住院前 14 天，出院后 30 天	2%	—	—
住院前 30 天，出院后 30 天	9%	18%	↑

与 2019 年相比，2020 年统计的中端医疗险产品中新增保障“住院前 7 天，出院后 14 天”的情况，且“住院前 7 天，出院后 30 天”的占比有所下降，同时“住院前 30 天，出院后 30 天”的比例近乎等比上升。因此整体来看，保障天数的设置呈增加趋势。

（二）重大疾病医疗保险责任

指在合同有效期内，若被保险人因遭受意外伤害或在等待期后因意外伤害以外的原因确诊初次发生合同约定的重大疾病（无论一种或多种）必须在医院接受治疗的，对于治疗期间发生的合理且必要的医疗费用，按照约定给付重大疾病医疗保险金。

1. 重疾病种数量

重疾医疗保险责任重疾病种数量统计结果见表 6。

表 6　中端医疗险产品重疾医疗保险责任重疾病种数量统计

重疾病种数量	比例		变化趋势
	2019 年	2020 年	
99 种以下	6%	6%	→
99 种	3%	2%	↓
100 种	82%	35%	↓
105 种	6%	18%	↑
108 种	3%	9%	↑
110 种	—	11%	—
110 种以上	—	14%	—
其他	—	4%	—

不同产品包含的重疾数量差异较大：大部分产品包含近百种重疾，少数产品仅包含 6 种常见的高发重疾。统计的 2019 年中端医疗险中有 80% 以上的产品保障 100 种重疾，而该占比在 2020 年骤降至 35%，且涌现了不少保障 110 种及以上重疾的中端医疗险产品，整体上产品涵盖的重疾病种数量显著增加。此外，我们发现部分产品的重疾医疗保险责任所保障的重疾，实际掺杂了部分轻症疾病；而在另一些产品中轻症被剥离出来，设置了单独的轻症医疗保险责任。因此对于将重疾和轻症混合放在重疾医疗保险责任的产品，重疾数量存在虚高的情况。

2. 重疾医疗费用

重大疾病医疗保险责任涵盖的可报销费用范围与一般医疗保险责任相同，主要包括重大疾病住院医疗费用、特殊门诊医疗费用、门诊手术医疗费用及住院前后门急诊费用，且各项费用的具体内容也与一般医疗基本一致。

此外，部分产品针对重大疾病会设置额外给付定额保险金或住院津贴保险金，定额给付金额一般为5000—3万元，住院津贴一般为100—300元/天且有住院天数上限限制，常见的设置为“每年不超过180天”。

（三）恶性肿瘤医疗保险责任

指在合同有效期内，若被保险人因遭受意外伤害或在等待期后因意外伤害以外的原因初次确诊罹患恶性肿瘤必须在医院接受治疗的，对于治疗期间发生的合理且必要的医疗费用，按照约定给付恶性肿瘤医疗保险金。

恶性肿瘤医疗保险责任涵盖的可报销费用范围与一般医疗保险责任也大致相同，包含恶性肿瘤住院医疗费用、特殊门诊医疗费用、门诊手术医疗费用及住院前后门急诊费用。与重大疾病医疗保险责任类似，某些产品也会专门针对恶性肿瘤给付定额保险金或住院津贴，定额给付金额通常为1万，住院津贴一般为200元/天，且每次不超过90天。

（四）其他医疗保险责任

除上述一般医疗保险责任、重大疾病及恶性肿瘤医疗保险责任外，某些产品还含有一些特殊的其他医疗保险责任，多以医疗险可选责任或可选附加险的形式出现。

1. 质子重离子医疗保险责任

指当被保险人经医院明确诊断罹患合同约定的疾病且需在保险人指定的医疗机构接受质子治疗、重离子治疗时，保险人对被保险人实际支出的、合理且必要的质子重离子医疗费用进行赔付。

2020 年约有 55% 的中端医疗险产品含有质子重离子医疗保险责任，与 2019 年相比有所上升。在 2020 年统计的中端医疗险产品中，报销比例为 100% 的产品高达 94%，仅少部分产品报销比例为 60%，产品责任的集中度与上一年相比明显提升。质子重离子医疗费用报销比例统计结果见表 7。

表 7　中端医疗险产品质子重离子医疗费用报销比例统计

质子重离子费用报销比例	比例		变化趋势
	2019 年	2020 年	
50%	4%	—	—
60%	13%	6%	↓
80%	4%	—	—
90%	9%	—	—
100%	70%	94%	↑

2. 恶性肿瘤特定药品费用医疗保险责任

指等待期后，被保险人确诊罹患恶性肿瘤（一般仅赔付初次确诊），对治疗实际发生的必需且合理的特定药品费用，保险人按照约定的给付比例给付恶性肿瘤特定药品费用医疗保险金。

由于恶性肿瘤治疗周期长、药品开销大，一般医疗保险责任保障的药品责任保额有限且无法涵盖需要在院外购买的多数抗癌药。因此，设置恶性肿瘤特定药品费用医疗保险责任可以为恶性肿瘤患者的持续治疗提供较全面的药品保障。统计的中端医疗险中约有 11% 的产品含有该项责任，其中部分产品将其设为可选责任。这里需要说明的是本分报告统计对象均为主险，市场上多数医疗险产品的特药责任以附加险的形式供消费者选择。

保险人指定的特定药品基本为中国国家药品监督管理局批准且已在中国上市的靶向药物和免疫治疗药物，以保险公司公布的药品清单为准。2020 年统计的中端医疗险产品中，特药费用赔付比例多数为 100%，但社保内的药品未用社保购买仅赔付 60%；保额多数为 100 万，部分产品的保额达到 600 万。

3. 特定疾病及手术医疗保险责任

指针对某些治疗费用高、治疗难度大的疾病（如恶性肿瘤或良性脑肿瘤、重型再生障碍性贫血等）或手术（如重大器官移植术或造血干细胞移植术、主动脉手术、急性坏死性胰腺炎开腹手术等），在一般医疗保险责任的基础上额外增加一定的保额，或者提供特需医疗保障，为患病的被保险人提供更优质的医疗服务。

这两种方式涵盖的具体医疗费用与一般医疗保险责任各项基本一致。其中第二种方式与高端医疗险不同的是，该责任仅对 10 余种特定疾病及手术提供特需服务，而高端医疗险对所有疾病均提供特需服务。

2020 年统计的产品中约有 8% 含有该项责任，且均采用额外增加保额的赔付方式。

4. 其他

在 2020 年统计的中端医疗险产品中，个别产品中还出现了下表中的医疗责任。

表 8　中端医疗险产品特殊医疗责任统计

责任名称	责任内容
一般 / 恶性肿瘤门急诊医疗费用	指被保险人（因恶性肿瘤）在医院门诊急诊治疗发生的医疗费用，包括：医生诊疗费、治疗费、检查检验费、药品费、救护车使用费等。
特定疾病住院定额给付医疗保险金	等待期后初次确诊恶性肿瘤、重度糖尿病酮症酸中毒、高血糖高渗状态或糖尿病乳酸酸中毒，给付约定金额。
恶性肿瘤赴海外医疗保险责任	等待期后初次确诊为恶性肿瘤，选择赴海外治疗恶性肿瘤，可以提出申请，经二次诊疗意见确认后可前往授权机构治疗，并得到费用补偿。
甲类及按甲类管理的乙类法定传染病危重型疾病保险金	在保险期间内初次确诊罹患甲类及按甲类管理的乙类法定传染病的，因该传染病达到国家卫生健康管理部门或其他权威机构规定的危重型疾病的，给付约定金额。

（五）赔付标准

中端医疗险一般均适用医疗费用补偿原则，对被保险人进行符合合同约定的相关治疗产生的费用进行赔付。赔付标准一般是：

医疗保险金=（被保险人实际支出的符合保险合同相关约定的医疗费用−免赔额）×赔付比例

1. 免赔额

免赔额指在保险合同约定的保险期间内，由被保险人自行承担，保险人不予以赔付的额度。免赔额的设置一方面是为了简化手续，避免多次小额赔款带来的不便，另一方面也是为了加强消费者的防范与预防意识，共担风险。

中端医疗险产品一般医疗免赔额度统计结果见表9。

表9　中端医疗险产品一般医疗免赔额度统计

一般医疗免赔额度 单位：元	比例		变化趋势
	2019年	2020年	
5000	3%	5%	↑
8000	—	7%	—
1万	83%	64%	↓
2万	11%	12%	↑
没有明确	—	8%	—
其他	3%	4%	↑

中端医疗险的一般医疗费用免赔额多数设置为1万元，重大疾病或恶性肿瘤医疗费用无免赔额。与2019年相比，2020年统计的中端医疗险产品中部分产品新增8000元免赔额的额度设置。

2. 赔付比例

保险公司会对被保险人实际支出的符合保险合同相关约定的医疗费用给予一定比例的赔付。一般情况下，被保险人以无社保身份投保或以有社保身份投保并以参加社保身份就诊并结算的，赔付比例为100%；被保险人以有社保身份投保但未以参加社保身份就诊并结算的，赔付比例则在50%—80%之间，统计结果中有约70%的产品在这种情况下赔付60%。具体赔付比例统计结果见表10。

表 10　中端医疗险产品一般医疗赔付比例统计[①]

一般医疗赔付比例	比例		变化趋势
	2019 年	2020 年	
100%	—	3%	—
无社保：100%； 有社保且使用社保：100%； 有社保未使用社保：60%	89%	70%	↓
无社保：50%； 有社保且使用社保：100%； 有社保未使用社保：50%	2%	—	—
无社保：80%； 有社保且使用社保：80%； 有社保未使用社保：50%	2%	—	—
无社保：90%； 有社保且使用社保：90%； 有社保未使用社保：60%	6%	3%	↓
无社保未使用社保：80%； 无社保且使用社保：100%； 有社保且使用社保：100%； 有社保未使用社保：60%	—	4%	—
无社保：100%； 有社保且使用社保：100%； 有社保未使用社保：80%	—	4%	—
无社保：80%； 有社保且使用社保：80%； 有社保未使用社保：48%	—	3%	—
没有明确	—	4%	—
其他	—	7%	—

① 表 10 统计项目为 2021 年报告新增。

二、免责条款

由于中端医疗险的疾病范围广泛、医疗费用项目众多种类繁杂，因此免责条款数量较多，设置也较为复杂。免责条款数量的统计结果见表 11。

表 11　中端医疗险产品免责条款数量统计

免责条款数量	比例		变化趋势
	2019 年	2020 年	
16 条及以下	10%	26%	↑
17—20 条	30%	27%	↓
21—25 条	36%	33%	↓
26 条及以上	23%	15%	↓

2020 年新报备的中端医疗险产品中，约 60% 的产品免责条款数量为 17—25 条，占比与 2019 年相比略有下降；免责条款数量在 16 条及以下的产品占比大幅上升，平均数量呈下降趋势。与其他类型的保险产品相比，医疗险产品除了对基本的违法犯罪及故意行为类免责外，还对整形、体检等非疾病治疗项目，精神和行为障碍、传染病等特殊疾病等免责。不同的产品免责条款具体内容差异较大，需要仔细甄别比较。

三、普通条款

（一）投保年龄

中端医疗险被保险人的最低投保年龄多数为 0 周岁（28 天 /30 天），

2020 年该情况的占比达到 79%；最低投保年龄为 18 周岁的占比与 2019 年相比有所上升，为 14%。

2020 年最高投保年龄为 45—65 周岁的产品占比明显增加，其中最高投保年龄为 60 周岁的产品占比超过半数；而 70 周岁及以上的占比略有下降。投保年龄统计结果见表 12 和表 13。

表 12　中端医疗险产品最低投保年龄统计

最低投保年龄	比例		变化趋势
	2019 年	2020 年	
0 周岁	89%	79%	↓
16 周岁	2%	1%	↓
18 周岁	6%	14%	↑
50 周岁	2%	—	—
没有明确	—	5%	—

表 13　中端医疗险产品最高投保年龄统计

最高投保年龄	比例		变化趋势
	2019 年	2020 年	
45—55 周岁	6%	11%	↑
60 周岁	30%	51%	↑
65 周岁	57%	26%	↓
70 周岁及以上	6%	5%	↓
没有明确	—	5%	—

（二）犹豫期

由于保险期间较短，大多数中端医疗险产品都没有犹豫期，少数有犹豫期的产品也通常设置为 10 天或 15 天。

表 14　中端医疗险产品犹豫期统计[①]

犹豫期	比例		变化趋势
	2019 年	2020 年	
2 天	—	8%	—
10 天	8%	5%	↓
15 天	11%	22%	↑
20 天	—	1%	—
无	81%	63%	↓

（三）交费方式

中端医疗险的交费方式多为趸交，部分产品也提供月交的方式。2020 年提供趸交、月交两种交费方式的产品占比上升，交费方式统计结果见表 15。

表 15　中端医疗险产品交费方式统计

交费方式	比例		变化趋势
	2019 年	2020 年	
趸交	100%	100%	→
月交	15%	21%	↑

① 表 14 统计项目为 2021 年报告新增。

（四）等待期

由表 16 可知，2020 年统计的中端医疗险产品等待期的平均时长相比于 2019 年有所下降。等待期为 30 天的产品比例略有上升，达到 90%；其中，部分中端医疗险产品针对质子重离子医疗保险责任设置的等待期为 90 天。等待期统计结果见表 16。

表 16　中端医疗险产品等待期统计

等待期	比例		变化趋势
	2019 年	2020 年	
30 天	87%	90%	↑
90 天	13%	3%	↓
其他	—	6%	—

（五）保险期间及续保

本次统计样本均为 1 年期的短期健康险产品，且续保条件均为“非保证续保”。2021 年 1 月 11 日，银保监会下发了《关于规范短期健康保险业务有关问题的通知》（以下简称《通知》），对短期健康保险的续保进行规范，《通知》要求：“保险公司开发的短期健康保险产品中包含续保责任的，应当在保险条款中明确表述为‘不保证续保’条款。不保证续保条款中至少应当包含以下内容：

‘本产品保险期间为一年（或不超过一年）。保险期间届满，投保人需要重新向保险公司申请投保本产品，并经保险人同意，交纳保险费，获得

新的保险合同。’

保险公司不得在短期健康保险产品条款、宣传材料中使用‘自动续保’‘承诺续保’‘终身限额’等易与长期健康保险混淆的词句。”

1. 最高续保年龄

中端医疗险产品一般都规定了最高可续保年龄。2020 年统计的产品中最高续保年龄在 99 周岁及以上的产品占比达到 72%，整体保障范围更广。最高续保年龄统计结果见表 17。

表 17　中端医疗险产品最高续保年龄统计

最高续保年龄	比例		变化趋势
	2019 年	2020 年	
80 周岁以下	2%	6%	↑
80 周岁	21%	10%	↓
84 周岁	—	4%	—
99 周岁	17%	24%	↑
100 周岁	32%	26%	↓
102 周岁	9%	—	—
105 周岁	15%	22%	↑
其他	4%	7%	↑

2. 停售能否续保

一般情况下医疗险合同条款中都会强调停售不能续保，《通知》中也明确规定，产品停售需要提前告知消费者，披露停售的具体原因、具体时间，同时需要提供后续服务措施，包括为已购买产品的保险消费者在保险期间内继续提供保障服务和在届满时提供必要且合理的转保服务两方面。

四、特殊条款

中端医疗险产品理赔范围广、涉及的医疗内容复杂，相对于其他人身险产品来说，对保障责任的规定更加细致，也涵盖更多特殊条款与增值服务。

（一）医院范围

大多数产品规定的医院范围都是要求中国境内（不含香港、澳门和台湾地区）。医院一般规定为二级及以上公立医院或保险公司指定或认可的定点医院，病房类别一般为普通部。具体医院范围统计结果见表 18。

表 18　中端医疗险产品医院范围统计

医院范围	比例		变化趋势
	2019 年	2020 年	
仅限于二级及以上医保定点医院	—	11%	—
仅限于二级及以上公立医院普通部	59%	59%	→
仅限于二级及以上公立医院或保险公司认可医院	4%	11%	↑
仅限于二级及以上公立医院普通部或保险公司认可医院	15%	7%	↓
仅限于二级及以上公立医院普通部或上海质子重离子医院	21%	5%	↓
其他	—	6%	—

（二）责任延续

指若被保险人在保险期间内开始住院治疗，到保险期间届满住院仍未结束，且不再续保的，保险人将继续在合同约定的医疗保险金年度给付限额内承担给付保险金责任至住院结束，但有延续时长限制，一般最长不超过保险期间届满之日起 30 天，也有部分保险延续至 90 天。此外，对于特定疾病（如恶性肿瘤等）、特定治疗项目（如质子重离子治疗等），赔付责任的延续时间可能更长，达到 180 天甚至 1 年。

在统计的中端医疗险中，约有 85% 的产品含有延续责任。责任延续情况统计结果见表 19。

表 19　中端医疗险产品责任延续情况统计

责任延续情况	比例		变化趋势
	2019 年	2020 年	
住院医疗费用：延续届满后 30 天	86%	86%	→
住院医疗费用：延续届满后 90 天	2%	—	—
住院医疗费用：延续届满后 180 天	4%	8%	↑
门急诊医疗费用：延续届满后 10 天 住院医疗费用：延续届满后 30 天	—	2%	—
重大疾病住院津贴：延续届满后 30 天	—	3%	—
恶性肿瘤住院医疗费用：延续届满后 30 天	2%	—	—
重大疾病住院医疗费用：延续住院之日起 180 天	4%	2%	↓

（三）无理赔优惠

指若被保险人在一定时期内没有出险进行理赔，则保险公司会给予一定优惠措施。不同的医疗险产品的优惠措施有所不同：大多数产品规定在若干年内无理赔，则免赔额降低一定数额且可以累计；也有少部分产品规定在最近若干个保险期间内无理赔，保险金额逐年递增。

在本次统计的短期中端医疗险中有 3 款产品含有该条款，涉及两类无理赔优惠责任，见表 20。

表 20　中端医疗险产品无理赔优惠内容

方式一	18—70 周岁被保险人，健康信用费率优惠 = 费率表保费 × 健康信用调整系数；健康信用调整系数：若保费月交，近 30 天健康信用 0—39、40—79、80—99、超过 100，调整系数分别为 100%、95%、85%、70%；若保费年交且首次投保，近 30 天健康信用 0—99、超过 100，调整系数分别为 100%、95%；若保费年交且非首次投保，近 365 天健康信用 0—479、480—959、960—1199、超过 1200，调整系数分别为 100%、95%、85%、70%。
方式二	首次投保后，前 2 个保单年度未发生任何医疗费用，第 3 个保单年度及以后：一般医疗费用保险责任、恶性肿瘤医疗费用保险责任的年度限额分别调整至 120 万。

专题报告一
2020 年人身保险各类典型产品精算评估分析[①]概况

在前述章节对 2020 年主流人身保险产品的特征统计分析的基础上，本专题报告从定期寿险、增额型终身寿险和重大疾病保险共三大类产品中各选取了一款典型产品进行精算评估分析，从中国会计准则、中国风险导向的偿付能力体系[②]（以下简称“偿二代”或“C-ROSS”）和价值体系的角度，分析各典型产品对保险公司的总体贡献和长期影响。

请注意，这些评估分析是基于各种非经济假设和经济假设。由于寿险公司的规模体量、发展阶段、管理水平和客户群体等显著不同，非经济假设往往差异较大。同时，由于寿险公司的风险偏好、投资决策、资产配置等各有特色，经济假设也可能不尽相同。本次测算中采用的非经

① 作者保留对测试结果的解释权，未经许可禁止引用，擅自引用引致的后果与损失和作者无关。

② 2015 年 2 月原保险监督管理委员会发布中国保监会关于印发《保险公司偿付能力监管规则（1-17 号）》的通知，即现行偿付能力监管规则，本专题报告基于该规则进行评估分析。

济假设和经济假设主要反映行业平均水平，评估分析的结果与公司实际情况会有偏离。

一、概述

（一）中国会计准则

在编制会计准则财务报表时，不同于其他行业的即收即付式财务特性，长期人身险往往期限较长，通常存在保费收入前置、赔付支出后置的情况，因此，保险行业引入准备金概念对各期财务状况、经营利润进行调节，以更为准确地反映实际经营成果。

对于寿险公司而言，其长期寿险与长期健康险会计未到期责任准备金（以下简称“会计准备金”）是公司财务报表中准备金科目的主要组成部分。会计准备金由最优估计准备金、风险边际和剩余边际三部分组成。其中，最优估计准备金反映的是未来预期赔付与费用支出超出未来保费的部分，即保险公司为应对未来风险敞口而计提的资金准备。考虑到现金流发生具有不确定性，风险边际为对一定程度的不利情景预留的资金准备。剩余边际为保单的首日利得（如有），在保单前期的会计准备金中占比较大，并会在保单的整个保险期间内逐步释放、贡献财务利润。见图1。

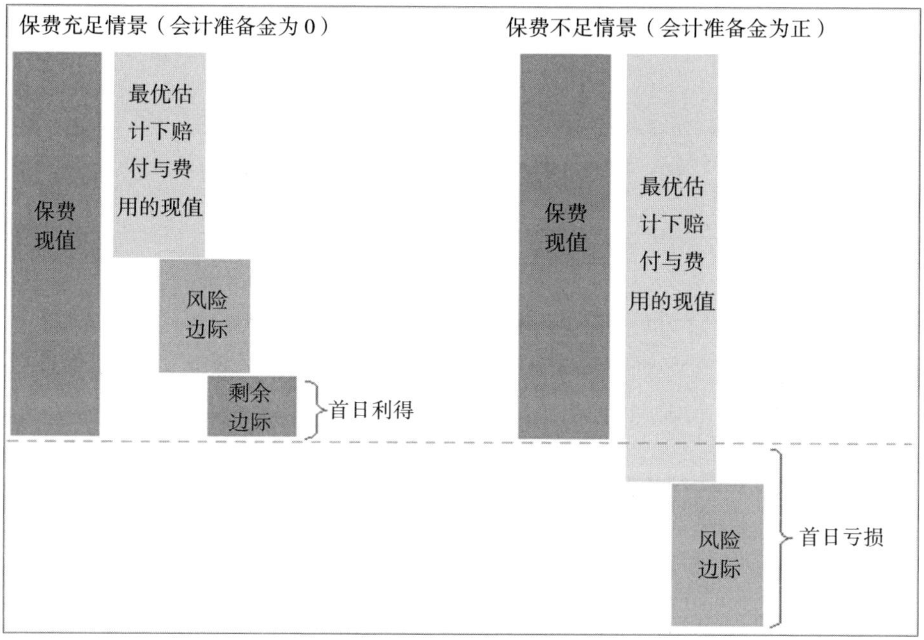

图 1　发单时点会计准备金的构成

（二）中国偿付能力监管规则

偿付能力是保险公司对保单持有人履行赔付义务的能力。保险公司应基于监管规则要求、按照风险管理的审慎性原则计算偿付能力水平，并确保偿付能力充足率在监管最低要求之上。其中，偿付能力充足率的构成如图 2 所示。

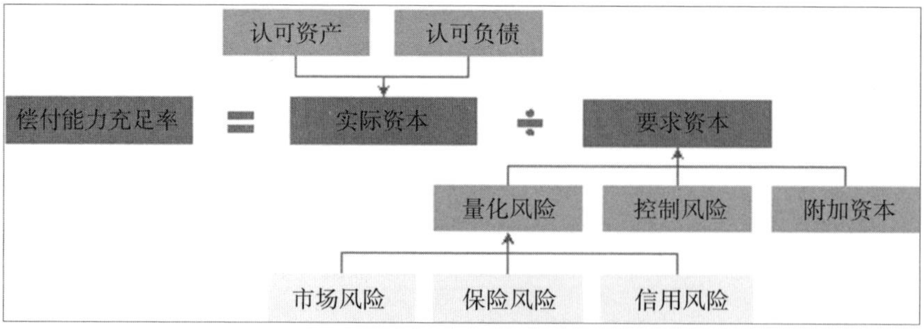

图 2　偿二代定量资本要求体系架构

偿付能力充足率为实际资本相对最低资本的比例。实际资本为认可资产减去认可负债后的余额，反映保险公司可用于吸收损失的财务资源。要求资本为根据监管要求计提的、用于应对各类风险的公司资本，由量化风险、控制风险和附加资本构成，其中量化风险可细分为保险风险、市场风险与信用风险。

长期寿险与长期健康险未到期责任准备金（以下简称“偿二准备金”）是认可负债的重要组成部分。在偿付能力监管规则下，保险公司须根据监管在审慎性方面的要求，重新计算偿二准备金。偿二准备金由最优估计准备金、风险边际和选择权及保证利益的时间价值①（以下简称“TVOG”）组成，如图 3 所示。

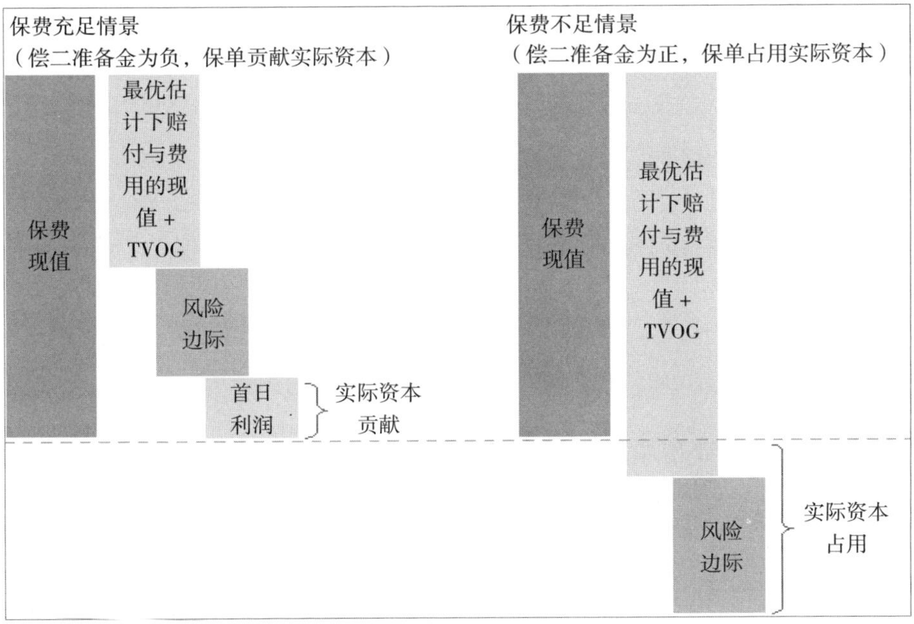

图 3　发单时点偿二准备金的构成

① 仅分红型和万能型产品有 TVOG 准备金，主要反映分红和万能险产品中的年金选择权、分红水平、保证结算水平等责任的时间价值。

（三）新业务价值

新业务价值为新单在未来保险期间的全部可分配盈余的现值，预测中会综合考虑投资收益、股东资本成本、要求资本成本、税率等方面的影响。该指标衡量新单销售和日常经营活动为股东所创造的价值，可以综合反映保险公司的业务销售能力、业务结构和品质、经营能力和风险管理能力的水平，也是评估保险公司业务增长潜力的重要指标。新业务价值（率）受到产品定位、战略、销售渠道等因素的影响，在不同类型产品间有较大不同，本专题报告将关注不同类型产品的新业务价值（率），并与其他价值、利润指标进行对比分析。

（四）评估时点、模拟保单选取和评估假设

除上述准则标准外，本次测试还基于如下评估时点、保单信息与评估假设的设定。

假设保单的发单时点和评估时点均为 2020 年 12 月。

为了增加各典型产品间的分析可比性，本专题报告综合考虑性别、渠道、保额、保费、交费期间等因素，为各典型产品选取了与实际销售中典型保单相似的模拟保单进行测试。

评估中使用基于行业平均水平的非经济假设和经济假设。

评估中未考虑再保影响。

（五）测试结果汇总

3款典型产品的模拟保单在会计准则、偿二代规则和价值体系下的测试评估结果汇总如表1所示。其中，定期寿险产品市场竞争激烈，测试保单处于首日亏损状态，新业务价值率也为负，保单的销售会消耗首日偿付能力溢额。增额型终身寿险产品虽为储蓄型产品，但由于保险期间较长，仍存在一定程度的首日利得，考虑资本成本后的新业务价值率也处于中等水平，并会在首日小幅贡献偿付能力溢额。重大疾病保险产品的高保障属性使得产品的盈利能力较强，产品具有较高的首日利得率和新业务价值率，对首日偿付能力溢额的贡献程度也高于增额型终身寿险产品。

表1　典型产品模拟保单测试结果汇总

典型产品	测试保单	首日利得率	首日溢额贡献率	新业务价值率
定期寿险产品	男性	—	-47%	-19%
	女性	—	-56%	-27%
增额型终身寿险产品	男性	9%	4%	35%
	女性	11%	5%	40%
重大疾病保险产品	男性	18%	12%	110%
	女性	16%	8%	98%

二、定期寿险产品

（一）产品责任概况

本次测试选取的定期寿险典型产品保障身故责任和全残责任。产品的保险期间可选10年、20年、30年、至被保险人60岁和至被保险人75岁，交费期间与保险期间一致。当被保险人在保险期间内身故或全残，保单将给付约定金额作为身故或全残保险金；约定金额为基本保险金。

（二）模拟保单概况

本次测试的模拟保单的基本保额为100万元，保险期间为30年，交费期间为30年。模拟保单分别选取了30岁男性与30岁女性为被保险人，男性保单和女性保单的年交保费分别约为1200元和700元人民币。

（三）假设制定原则

中国会计准则下的准备金评估假设具体如下：

- 采用《中国人寿保险业经验生命表（2000—2003）》中的CL1/2（2000—2003），即非养老金业务表作为死亡率基础表，并参考行业一般水平的发生率经验制定经验乘数假设；
- 其余非经济假设（如退保率、费用、佣金等假设）考虑典型产品所属公司、渠道类型，采用对应的行业一般水平的假设制定；
- 根据监管规定确定折现率曲线，并假定折现率曲线及溢价水平在未来保持不变；
- 通货膨胀率假设采用行业一般水平确定；
- 不利情景假设考虑了死亡率、退保率和费用的不利情景；
- 评估中未考虑再保影响。

保险公司偿二准备金评估假设，是在会计准备金评估假设的基础上，遵循偿付能力监管规则要求而调整和制定的。

新业务价值评估假设遵循行业评估标准制定，其中负债评估假设与偿二准备金评估假设保持一致，现金流等预测相关假设采用上述会计准备金评估假设。此外，在投资收益、要求资本成本、股东资本成本等假设上，采用行业平均水平进行估计。

（四）中国会计准则

1. 会计准备金的变动趋势

会计准备金由最优估计准备金、风险边际与剩余边际组成。其中，最优估计准备金反映的是未来预期赔付与费用支出超出未来保费的部分，即保险公司为应对未来风险敞口而计提的资金准备。剩余边际为保单的首日利得（如有），在保单期间逐渐减少、释放。

对于保险期间为30年、交费期间为30年的定期寿险典型产品，模拟保单的单位会计准备金趋势如图4所示。

假设模拟保单从未出险，反映预期未来净赔付支出现值的单位会计准备金呈现先上升后下降的趋势。随着年龄增长，被保险人身故的概率增加，而均衡净保费反映平均死亡率对应的赔付成本，故在保单前期均衡净保费高于被保险人身故的赔付支出，单位会计准备金会随着多余净保费累积而逐步上升；在保单后期均衡净保费低于被保险人身故的赔付支出，单位会计准备金会随着净保费消耗而逐步下降；最后一个保单年度末的单位会计准备金回降至0。

男性保单的单位会计准备金整体高于女性保单，这是因为定期寿险产品仅保障死亡风险，虽然30岁至60岁的死亡率较低，但男性死亡率仍约为女性的两倍，对男性保单的保费收入、赔付支出等均有放大作用，因而单位会计准备金也相应放大。

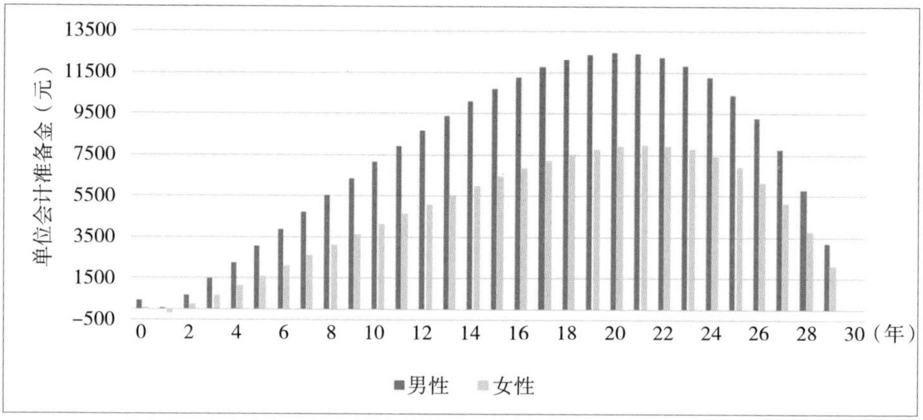

图4　定期寿险典型产品单位会计准备金

对模拟保单做从未出险的假设，实际上是排除了分析中关于有效人数衰减的考虑。考虑人数衰减，相当于观测一组完全相同的模拟保单，其中部分模拟保单会在保险期间内因出险、退保或停交保费等原因而终止。有效会计准备金是考虑了人数衰减和单位会计准备金双重因素的准备金。

如图5所示，在考虑人数衰减的情况下，有效会计准备金变化趋势与单位会计准备金变化趋势相同，仅变化幅度有所降低。这是由于模拟保单的保险期间较短，人数衰减对准备金的变化趋势没有本质的影响。另外，有效会计准备金高峰出现的时间点相比单位会计准备金略早，这是因为随着有效人数衰减，保单后期的有效人数减少，其对应的准备金规模也有下降。

男性保单的有效会计准备金整体高于女性保单，这与单位会计准备金同因。

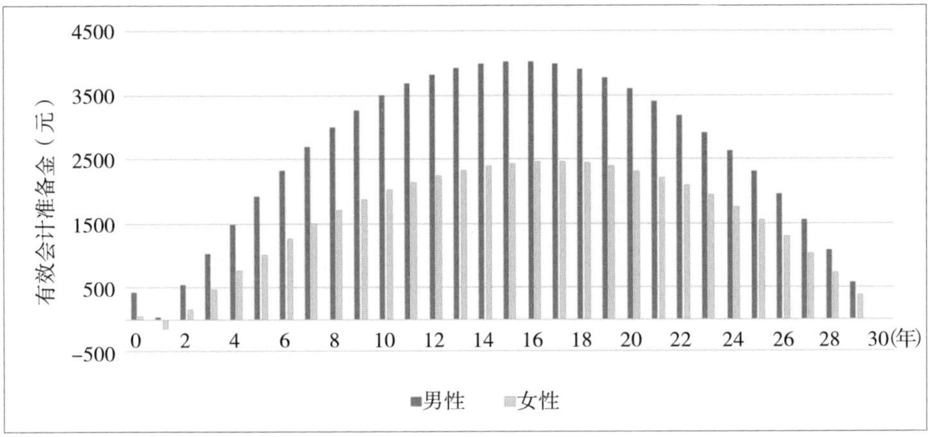

图 5　定期寿险典型产品有效会计准备金

2. 首日利得率

保费收入被用于支付保险产品的赔付和费用支出，结余或超支的部分即为保险公司的利润或亏损。因此，保费收入现值可以认为是由赔付现值、费用现值以及边际构成的；其中，边际包括风险边际和剩余边际。首日利得率，即保单在发单时点的剩余边际在保费收入现值中的占比，是衡量保单在整个保险期间盈利性的指标。

定期寿险产品模拟保单的保费收入构成与首日利得率如图 6 所示。男性保单和女性保单构成大体相似。

对男性保单与女性保单而言，保险公司未来收到的保费收入的现值预期分别为 1.1 万元和 0.6 万元。其中，约 96% 和 93% 的保费收入现值将通过赔付和费用的方式支出。保险公司另外需要计提保费收入现值的 8%

和7%用于应对不利情景带来的额外风险。由于模拟保单为首日亏损，因此其保费收入现值的构成中不含有剩余边际。构成合计超过100%的部分，即为保单的首日亏损。

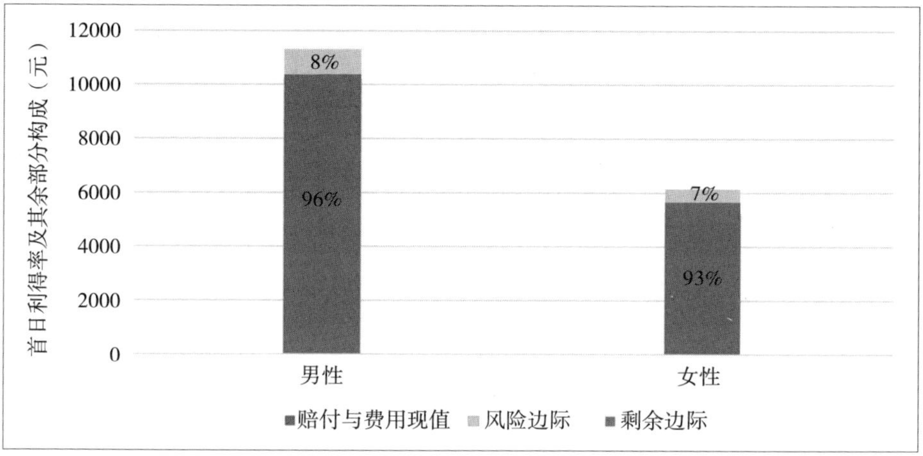

图6　定期寿险典型产品首日利得率及其余部分构成

3. 预期利润释放趋势

中国会计准则规定保单不可确认首日利得，首日利得需要在首日确认为剩余边际，并作利润负债化，在未来保单年度进行摊销与释放。因此，在不考虑未来实际经验与假设之间偏离的情况下，剩余边际的摊销即为该保单稳定的利润来源。保单剩余边际的摊销基于选定的摊销载体，如有效人数、有效保额等。

由于定期寿险产品保障责任单一、保险期间短，产品市场竞争较为激烈，产品价格激进。因此在不考虑再保的情况下，定期寿险产品为首日亏损，无预期利润释放。

（五）中国偿付能力监管规则

1. 偿二准备金的变动趋势

偿二准备金为在偿付能力监管规则的要求下，采用适当审慎原则制定的假设计算得到的准备金。与会计准备金相似，偿二准备金反映的也是未来赔付与费用现值超过未来保费收入现值的部分。与会计准备金不同，偿二准备金由最优估计准备金与风险边际组成，不计量首日利得构成的剩余边际。偿二准备金的评估假设，是在会计准备金评估假设的基础上，综合考虑了监管对死亡率、重疾发生率、费用、退保率等一系列假设的限制，得到的更加保守的预期。

根据偿付能力监管规则评估得到的偿二准备金，其变动趋势与会计准备金基本一致。如图 7 所示，对于一张从未出险的有效保单，其偿二准备金呈现先上升后下降的趋势。男性保单的单位偿二准备金整体高于女性保单。单位偿二准备金的变化趋势与单位会计准备金同因。

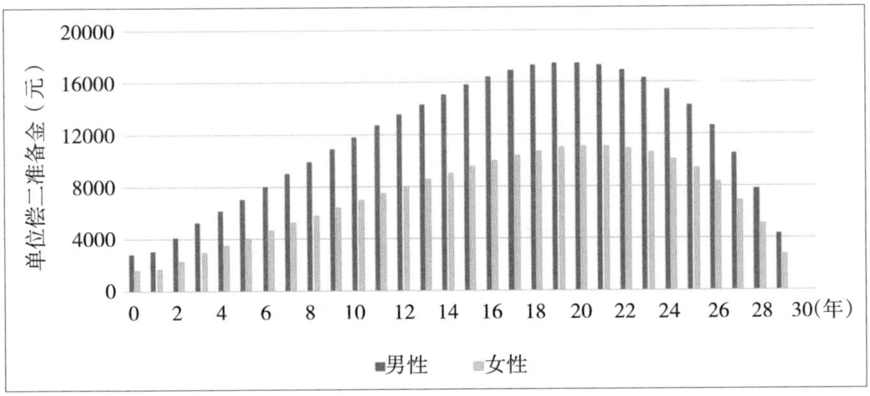

图 7　定期寿险典型产品单位偿二准备金

如图 8 所示，在考虑有效人数衰减的情况下，模拟保单的有效偿二准备金变化趋势与单位偿二准备金变化趋势基本相同，仅变化幅度有所降低、且准备金高峰发生时期更早。男性保单的有效偿二准备金整体高于女性保单。有效偿二准备金的变化趋势与有效会计准备金同因。

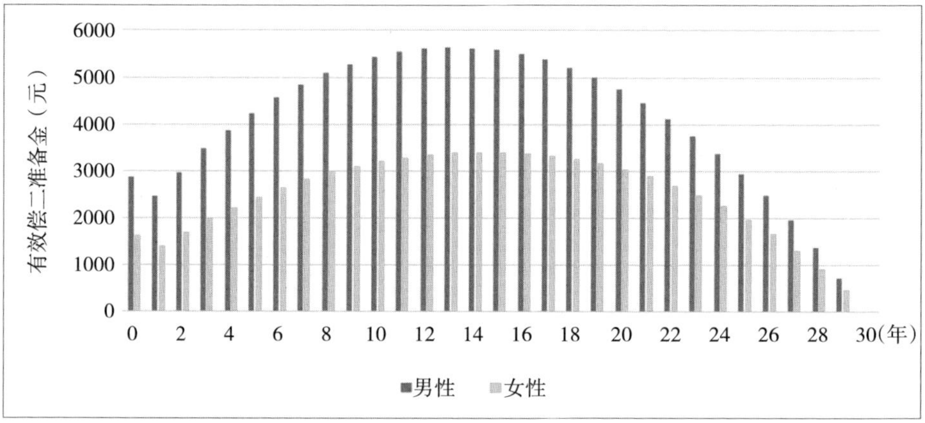

图 8　定期寿险典型产品有效偿二准备金

2. 保险风险最低资本

寿险业务的保险风险由损失发生率风险、退保风险与费用风险组成。其中，损失发生率风险还可细分为死亡率风险、死亡巨灾风险、疾病发生率风险等；退保风险可细分为退保率风险和大规模退保风险。各类风险的最低资本，是发生对应风险事件的不利情景下现金流现值超过最优估计情景下现金流现值的部分，体现了保险公司在承担某类风险时面临的不确定性。

定期寿险产品的有效保险风险最低资本占用如图 9 所示，呈现逐年下降的趋势。

对于定期寿险产品而言，其最主要的保险风险为死亡率风险与死亡巨灾风险。虽然随着被保险人年龄增长、死亡率上升，死亡率的浮动会为保险公司带来更大的不确定性以及更高的最低资本；但由于保险期间较短，年度间死亡率差异与死亡率浮动带来影响的差异较小，因此有效死亡率风险最低资本会随着有效人数衰减而逐年下降。

另外，保单还面临一定程度的退保率下降风险的最低资本占用，这是因为定期寿险产品的现金价值通常很低或甚至为 0，保单退保对公司更为有利，因此退保率下降会为公司带来一定程度的不确定性与最低资本占用。该最低资本占用同样随着有效人数的衰减而逐年下降。

男性保单的有效保险风险最低资本整体高于女性保单，这与有效偿二准备金同因。

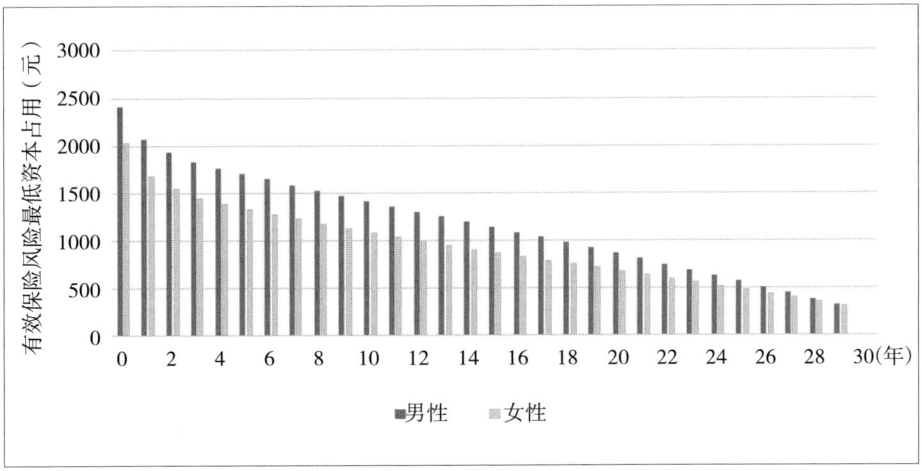

图 9　定期寿险典型产品有效保险风险最低资本占用

3. 首日溢额贡献率

在保险公司评估偿付能力水平时，偿二准备金会作为认可负债计入实际资本中，体现对实际资本的消耗。由于偿二准备金不计算剩余边际，因此当保单存在首日利得时，保单首日的偿二准备金为负，对实际资本实则产生贡献作用。另外，根据偿付能力监管规则的要求，保险公司需要对保单计算最低资本，最低资本是保单对资本的额外占用。在保单的发单时点，若保单对实际资本的贡献超过该保单的最低资本占用，则保单对公司的偿付能力溢额有正向作用；若保单对实际资本的贡献小于最低资本占用，则保单消耗实际资本，保单对公司偿付能力溢额有负向作用。保单首日溢额贡献情况，体现了新业务对偿付能力溢额的冲击。

如图 10 所示，定期寿险产品定价激进、利润较薄，处于首日亏损的状态，对实际资本有一定程度的消耗，同时存在最低资本占用，因此产品对公司的首日偿付能力溢额有消耗作用。以模拟保单的保费收入现值为单位

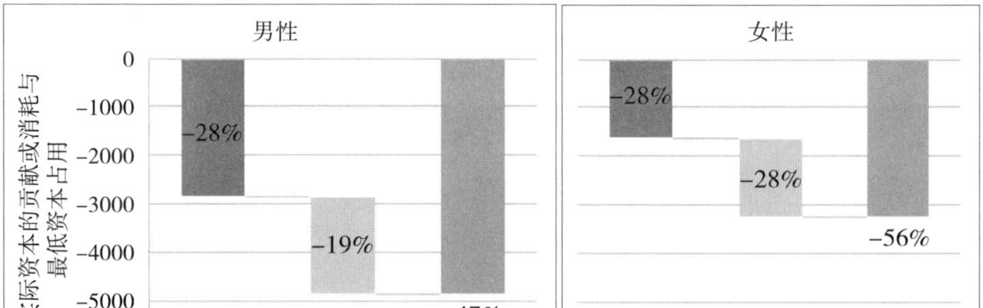

图 10　定期寿险典型产品对实际资本的贡献或消耗与最低资本占用

测算，保单首日亏损在保费收入现值中的占比为 28%；男性保单与女性保单的最低资本[①]占用分别约为保费收入现值的 19% 与 28%。综合来看，模拟保单的销售对公司在首日的偿付能力溢额有消耗的作用，男性保单与女性保单对首日偿付能力溢额的消耗程度分别为47%和56%的保费收入现值。

（六）新业务价值

1. 新业务价值率

新业务价值为保单在全生命周期内的未来可分配盈余在发单时点的贴现值，贴现率为股东要求回报率，目前行业通常使用 10.0%—11.5% 的水平。计算可分配盈余时，需要考虑保单的预期利润释放、对应资产的实际投资收益、要求资本成本以及税务等因素。新业务价值反映了销售保单能给保险公司带来的利润情况。新业务价值率为每单位保费所对应的新业务价值情况，即每卖出一单位保费，保险公司可获得的未来利润情况。股东通常会参考新业务价值与新业务价值率，来判断的业务质量。

定期寿险产品价格便宜、市场竞争激烈，因此保险公司的利润空间较低，新业务价值通常为负。根据测算如表 2 所示，男性保单与女性保单的新业务价值率分别为 –19% 与 –27%。与中国会计准则下的首日利得率和偿付能力监管规则下的首日溢额贡献率指标表现一致，定期产品的盈利能力与价值水平较差，在考虑再保前，通常处于亏损状态。

① 最低资本是寿险业务保险风险最低资本、非寿险业务保险风险最低资本、市场风险最低资本和信用风险最低资本经过风险分散效应和损失吸收后计算所得。由于后几项与公司业务结构、资产配置密切相关，此处的计算仅采取了行业公开信息的平均水平加以近似，与实际结果可能偏差较远。其它产品测试结果亦有类似处理。

表 2　定期寿险典型产品新业务价值率情况

性别	新业务价值	首年保费	新业务价值率
男性	−228	1201	−19%
女性	−180	674	−27%

2. 可分配盈余与首年新业务压力

保险公司的展业通常伴随着较高的成本，一方面，在销售保单时需要向渠道支付佣金或手续费用，另一方面，机构开设、渠道建设等展业费用会成为保单的获取成本。因此，保单在首年会有较高的获取费用和佣金及手续费现金流出，这些成本在首年保费中的占比通常较高、甚至超过首年保费，为保险公司带来首年新业务压力，体现了新业务对会计利润的冲击。

如图 11 所示，由于保单首年的获取费用、佣金及手续费用和偿付能力额外资本要求较高，模拟保单在第一个保单年度盈余为负，即新业务为保险公司带来了会计利润冲击。在后续保单年度中，由于风险敞口在年度

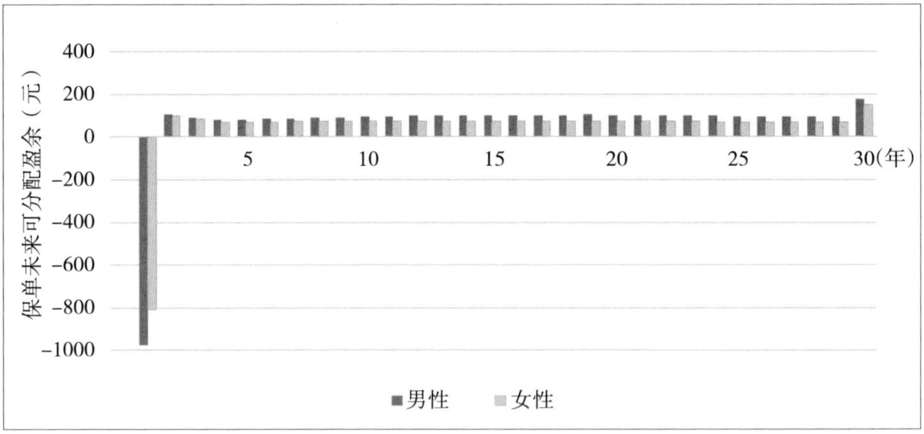

图 11　定期寿险典型产品保单未来可分配盈余

之间比较稳定，因此未来盈余基本保持在同一水平。至最后一个保单年度，由于额外偿付能力资本要求的全部释放，当期盈余有小幅跳升。

男性保单在首年的亏损大于女性保单。在后续年度中男性保单的未来可分配盈余水平整体高于女性保单，这与有效会计准备金趋势同因。

三、增额型终身寿险产品

（一）产品责任概况

本次测试选取的增额型终身寿险典型产品保障身故责任。产品的保险期间为终身，交费期间可选趸交、3 年交、5 年交、10 年交、15 年交和 20 年交。当被保险人在保险期间内身故，保单将给付约定金额作为身故保险金。约定金额通常为分段形式，若被保险人于年满 18 周岁前身故，则保单给付身故时的保险合同累计已交保费与现金价值的较大者；若被保险人于年满 18 周岁起身故、且保单处于交费期内，则保单给付身故时的保险合同累计已交保费乘以特定给付比例与现金价值的较大者；若被保险人于年满 18 周岁起身故、且保单处于交费期外，则保单给付身故时的保险合同累计已交保费乘以特定给付比例、现金价值与当年度有效保额三者中的较大者。其中，第一保单年度的有效保额为基本保额，以后各保单年度的有效保额为上一保单年度有效保额的 1.035 倍。

（二）模拟保单概况

本次测试的模拟保单的年交保费为 2 万元，交费期间为 10 年。模拟保单分别选取了 30 岁男性与 30 岁女性为被保险人，男性保单和女性保单的基本保额为 15.4 万元和 15.7 万元人民币。

（三）假设制定原则

中国会计准则下的准备金评估假设具体如下：

- 采用《中国人寿保险业经验生命表（2010—2013）》中的 CL1/2（2010—2013），即非养老金业务一表作为死亡率基础表，并参考行业一般水平的发生率经验制定经验乘数假设；
- 其余非经济假设（如退保率、费用、佣金等假设）考虑典型产品所属公司、渠道类型，采用对应的行业一般水平的假设制定；
- 根据监管规定确定折现率曲线，并假定折现率曲线及溢价水平在未来保持不变；
- 通货膨胀率假设采用行业一般水平确定；
- 不利情景假设考虑了死亡率、退保率、和费用的不利情景；
- 评估中未考虑再保影响。

保险公司偿二准备金评估假设，是在会计准备金评估假设的基础上，遵循偿付能力监管规则要求而调整和制定的。

新业务价值评估假设遵循行业评估标准制定，其中负债评估假设与偿二准备金评估假设保持一致，现金流等预测相关假设采用上述会计准备金评估假设。此外，在投资收益、要求资本成本、股东资本成本等假设上，采用行业平均水平进行估计。

（四）中国会计准则

1. 会计准备金的变动趋势

增额型终身寿险产品的保险期间为终身，评估实务中通常假设被保险人的最大年龄为 106 岁，则模拟保单的保险期间为 76 年。

如图 12 所示，假设模拟保单从未出险，反映预期未来净赔付支出现值的单位会计准备金会随着时间推移呈加速上升之势。由于产品对死亡风险的保障为终身，随着年龄增长，被保险人发生身故的预期时间越来越近，且伴随保额逐渐上升，保单未来面临的赔付责任也随之增大，预期赔付支出的现值也在提高，因此单位会计准备金的增长呈加速趋势。

男性保单与女性保单的单位会计准备金变化趋势基本一致。单位准备金在数量上大体相同，这是因为本类产品保障成分较少，男性、女性的死亡率差异对单位准备金影响极小。

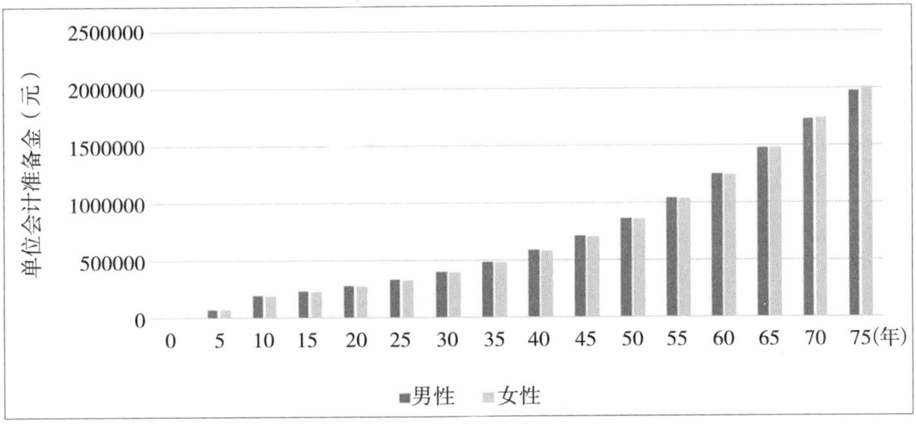

图 12　增额型终身寿险典型产品单位会计准备金

对模拟保单做从未出险的假设，实际上是排除了分析中关于有效人数衰减的考虑。考虑人数衰减，相当于观测一组完全相同的模拟保单，其中部分模拟保单会在保险期间内因出险、退保或停交保费等原因而终止。有效会计准备金是考虑了人数衰减和单位会计准备金双重因素的准备金。

如图 13 所示，在考虑人数衰减的情况下，有效会计准备金呈现交费期内上升、交费期外逐年下降的趋势。在模拟保单前 10 年的交费期间内，产品的保险责任为已交保费的一定给付比例与现金价值取大，因此随着已交保费的不断累积，有效会计准备金快速增长。在交费期结束后，随着人数的衰减，有效会计准备金逐年下降。

男性保单的有效会计准备金与女性保单基本一致，但在保单后期，男性保单的有效准备金略低于女性。这是由于男性前期死亡人数略多于女性，累积到某个时点后男性实际有效人数显著少于女性导致质变。因此，即使男性保单的单位会计准备金与女性保单基本一致，但男性保单的有效会计准备金仍略低于女性保单。

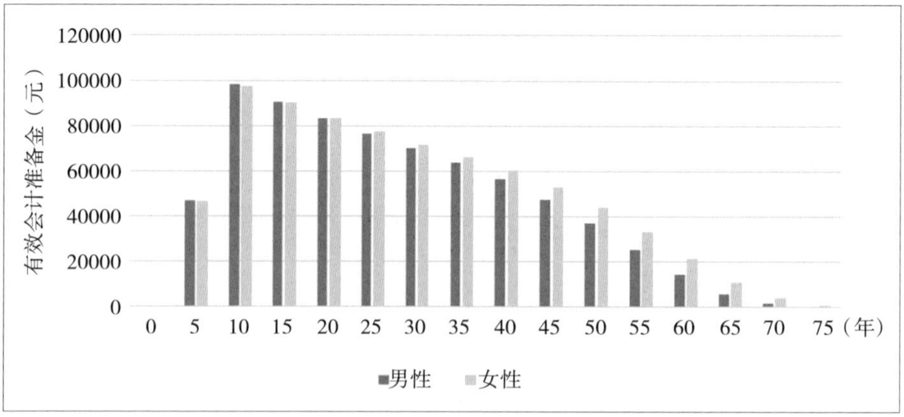

图 13　增额型终身寿险典型产品有效会计准备金

2. 首日利得率

增额型终身寿险产品模拟保单的保费收入构成与首日利得率如图 14 所示。男性保单和女性保单构成大体相似。

对男性保单与女性保单而言，保险公司未来收到的保费收入的现值预期分别为 12.3 万元和 12.4 万元。其中，约 89% 和 87% 将通过赔付和费用的方式支出。保险公司另外需要计提保费收入现值的 2% 用于应对不利情景带来的额外风险。剩余边际在保费收入现值中的占比，即首日利得率，分别为 9% 和 11%。

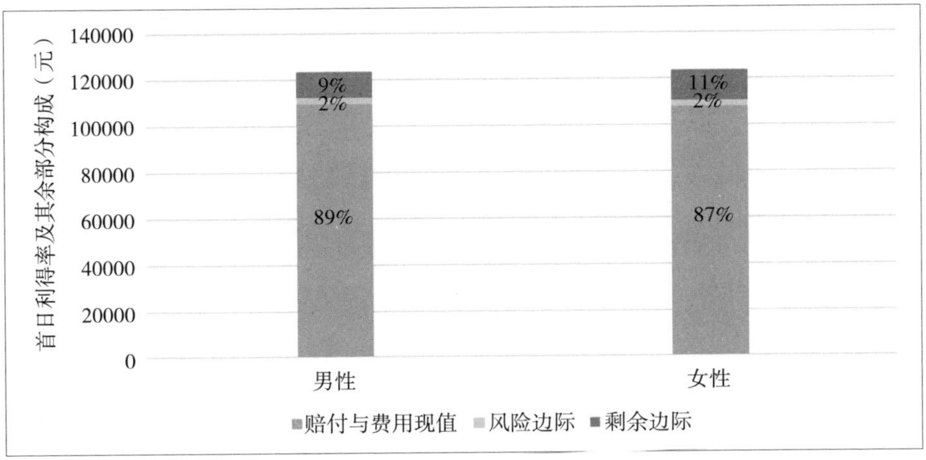

图 14　增额型终身寿险典型产品首日利得率及其余部分构成

增额型终身寿险产品首日利得率与其他类型产品相比处于中等水平。相比重大疾病保险产品，该产品储蓄属性较强，保险公司承担的风险整体较低，因此利润空间相对较小。相比其他储蓄型产品，该产品保险期间较长，转移了更多的死亡风险，利润空间相对较高。但是，此类产品的储蓄属性使得其盈利性对退保率假设比较敏感；根据测试，当退保率翻倍时，模拟保单的首日利得会下降超过一半。

3. 预期利润释放趋势

模拟保单在发单时点存在首日利得，继而成为会计准备金中的剩余边际，根据发单时点选定的有效人数作为摊销载体，剩余边际在整个保险期间中逐步释放，形成对公司的利润贡献。

如图 15 所示，模拟保单预期利润释放呈现前高后低的趋势。由于产品假设保单前期的退保率较高，因此有效人数衰减较快，剩余边际释放较多；后期由于退保率较为平稳，因此剩余边际随有效人数衰减缓慢释放。

男性保单与女性保单的利润释放较为接近，男性保单利润释放整体低于女性保单，这是由于男性保单在发单时点的首日利得相比女性保单较低导致。

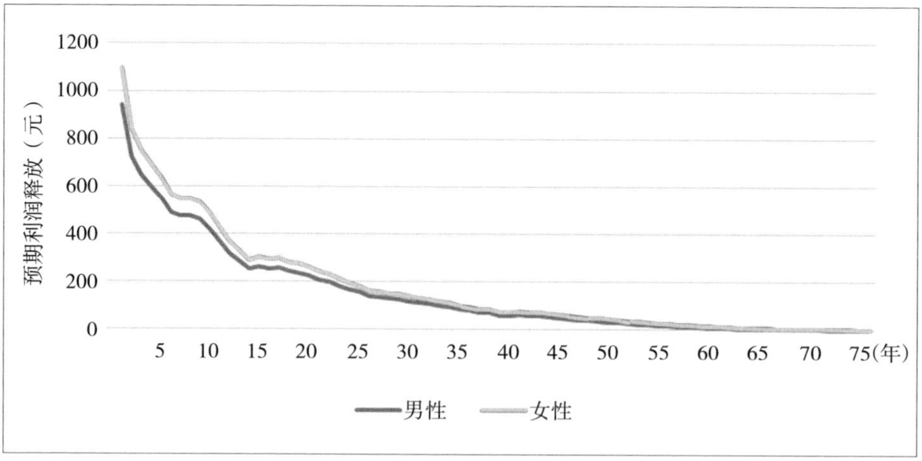

图 15　增额型终身寿险典型产品预期利润释放

（五）中国偿付能力监管规则

1. 偿二准备金的变动趋势

根据偿付能力监管规则评估得到的偿二准备金，其变动趋势与会计准备金基本一致，但初始金额为负。偿付能力监管规则下没有剩余边际的概念，允许发单时点出现负的准备金。由于模拟保单存在首日利得，因此初始偿二准备金为负。

如图 16 所示，对于一张从未出险的有效保单，其单位偿二准备金呈现加速上升的趋势。男性保单与女性保单趋势基本一致。单位偿二准备金的变化趋势与单位会计准备金同因。

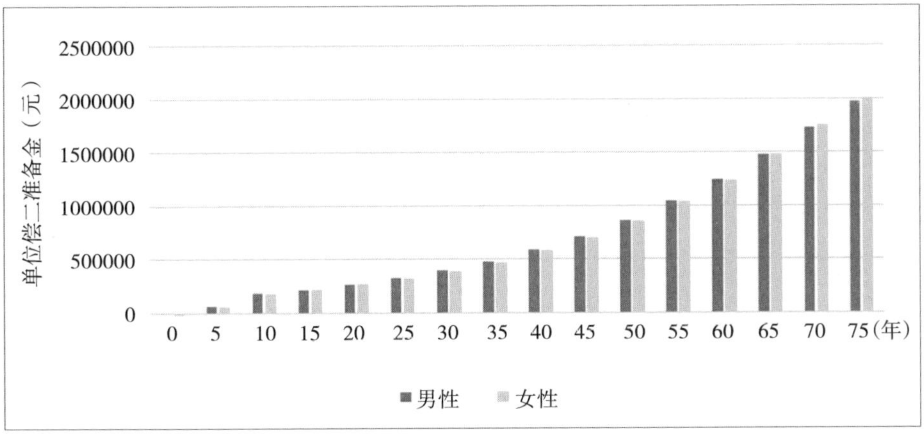

图 16　增额型终身寿险典型产品单位偿二准备金

如图 17 所示，在考虑有效人数衰减的情况下，模拟保单的有效偿二准备金呈现交费期内上升、交费期外逐年下降的趋势。男性保单的有效偿二准备金与女性保单基本一致，但在保单后期，男性保单的有效准备金略低于女性。有效偿二准备金的变化趋势与有效会计准备金同因。

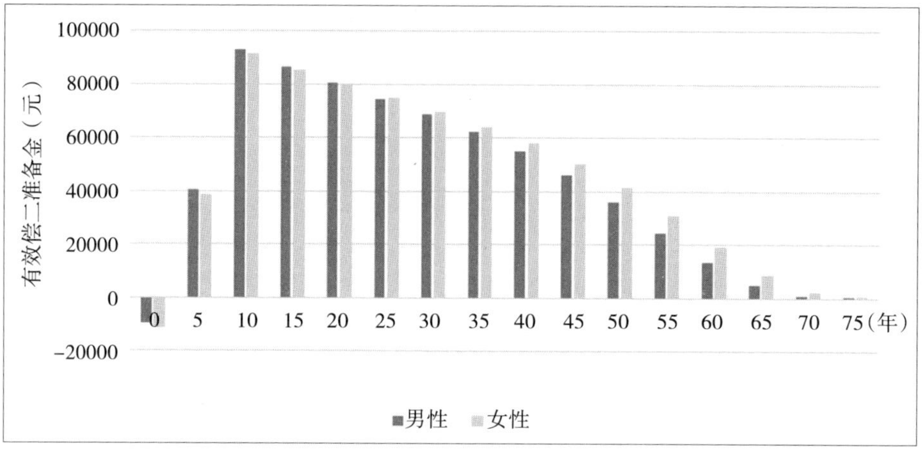

图 17　增额型终身寿险典型产品有效偿二准备金

2. 保险风险最低资本

增额型终身寿险产品的有效保险风险最低资本占用如图 18 所示，呈现初期较高并快速下降、中后期稳步下降的趋势。对于增额型终身寿险产品而言，其保险风险主要来自退保相关风险与死亡率风险。

保单在初期的有效保险风险最低资本极高，其中主要是退保率上升风险和大规模退保风险的有效最低资本占用。这是因为保单销售需要较高的获取成本，早于预期的保单脱退会使保险公司无法实现未来预期保费，导致亏损。

另外，保单还面临一定程度的死亡率风险。由于产品的保障属性较弱，因此死亡率风险最低资本占用，相对初期的退保相关风险最低资本占用较低，并随着有效人数的衰减而稳步下降。

男性保单的有效保险风险最低资本占用整体低于女性保单。在保单初期，男性保单由于盈利能力相对弱于女性保单，受到大规模退保带来无法实现未来预期保费与利润的影响也略低于女性，因此男性保单的有效保险风险最低资本占用小于女性保单。在保单中后期，男性最低资本占用低于女性的趋势与有效偿二准备金同因。

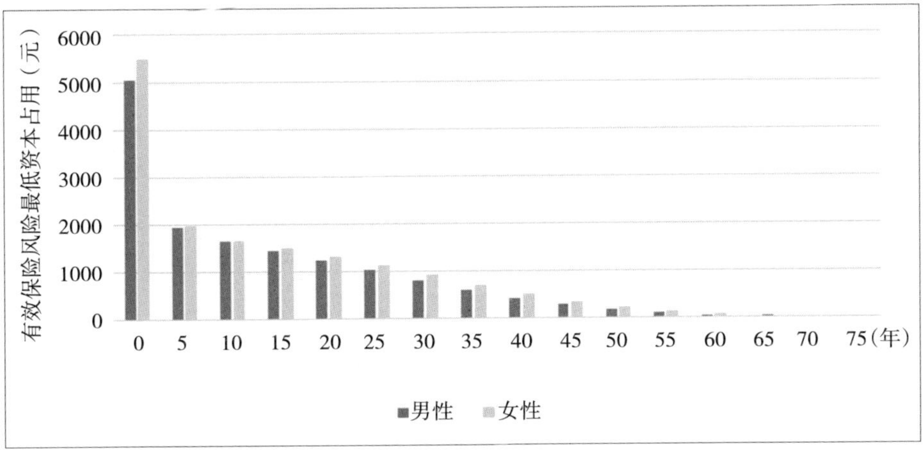

图 18　增额型终身寿险典型产品有效保险风险最低资本占用

3. 首日溢额贡献率

如图 19 所示，增额型终身寿险产品的模拟保单在发单时点存在首日利得，对实际资本有贡献作用，同时最低资本占用水平较低，因此产品对公司的首日偿付能力溢额有贡献作用。以模拟保单的保费收入现值为单位测算，男性保单与女性保单的保费收入现值中分别有 8% 和 9% 为保单的首日利得，贡献实际资本；最低资本占用约为保费收入现值的 4%。综合来看，模拟保单的销售对公司在首日的偿付能力溢额有提升的作用，男性保单与女性保单对首日偿付能力溢额的贡献程度分别为 4% 和 5% 的保费收入现值。

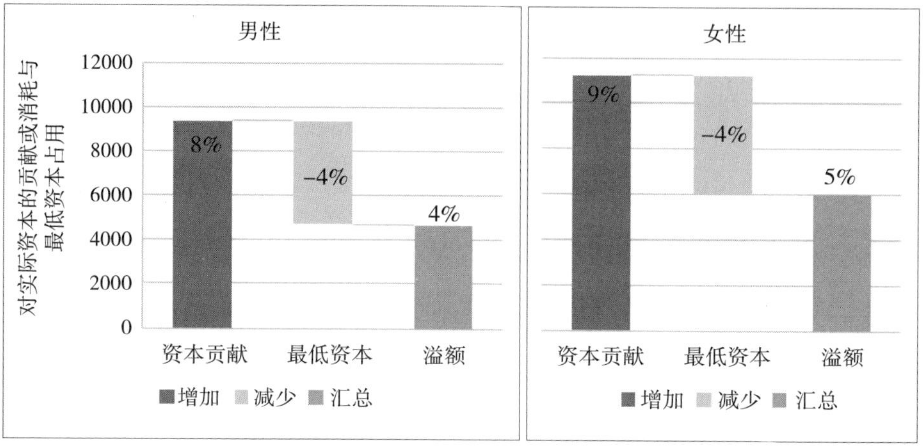

图 19　增额型终身寿险典型产品对实际资本的贡献或消耗与最低资本占用

相比其他产品，增额型终身寿险产品由于保障属性偏弱，对首日实际资本的贡献较低；同时，由于产品保费规模较大，其最低资本占用在保费收入现值中的占比也相对较低，因此该类产品对首日偿付能力溢额仍有一定程度的贡献。

（六）新业务价值

1. 新业务价值率

由于增额型终身寿险产品保障属性相对较弱，因此其盈利能力与价值水平也相对较低。但因为增额型终身寿险产品保险期间较长，其盈利能力高于传统的储蓄型产品。根据测算，如表 3 所示，男性保单与女性保单的新业务价值率分别为 35% 和 40%。但需要注意的是，新业务价值率与交费期密切相关，通常交费期越短、新业务价值率越低。

男性保单的新业务价值率略低于女性保单，这是因为男性死亡率整体略高于女性，因此女性保单成本略低，定价空间相对较大。

表 3　增额型终身寿险典型产品新业务价值率情况

性别	新业务价值	首年保费	新业务价值率
男性	6914	20000	35%
女性	7985	20000	40%

2. 可分配盈余与首年新业务压力

如图 20 所示，由于保单首年的获取费用、佣金及手续费用和偿付能力额外资本要求较高，模拟保单在第一个保单年度盈余为负，即新业务为保险公司带来了会计利润冲击。在接下来的几个保单年度中，随着准备金的增长，偿付能力额外资本要求下降，释放出较多盈余。后续年份受到剩余边际与最低资本相互对冲作用的影响，偿付能力额外资本要求持续处于低位或为零，可分配盈余稳定。进入保单末期，有效人数减少，可分配盈余也逐步减少。

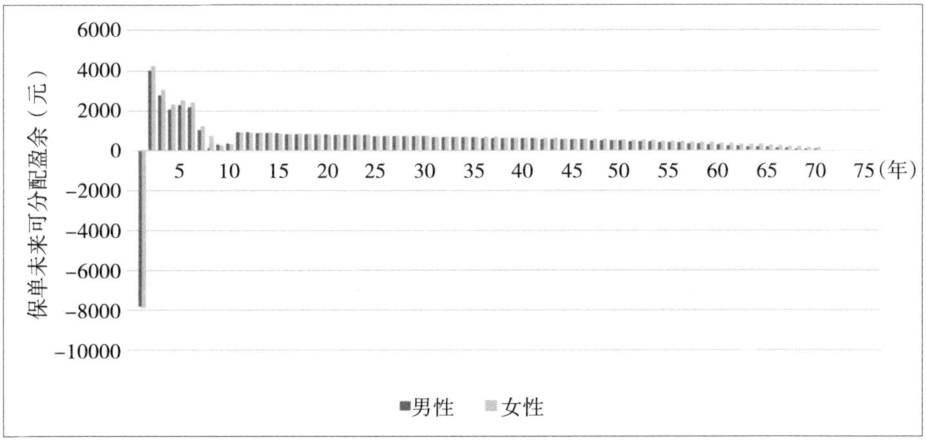

图 20　增额型终身寿险典型产品保单未来可分配盈余

男性保单与女性保单的未来可分配盈余较为接近。男性保单在首年的亏损小于女性保单。在后续年度中，男性保单盈余水平整体低于女性保单，这与有效会计准备金趋势同因。

四、重大疾病保险产品

（一）产品责任概况

本次测试选取的重大疾病保险典型产品保障重大疾病责任、轻症疾病责任、身故责任、全残责任和生命终末期责任。产品的保险期间为终身，交费期间可选趸交、5 年交、10 年交、15 年交、19 年交、20 年交、29 年交和 30 年交。当被保险人在保险期间内、等待期后发生重大疾病，保单将给付约定金额作为重大疾病保险金；约定金额为基本保额。当被保险人在保险期限内、等待期后发生三次以内的轻症疾病，保单将按约定金额给付轻症疾病保险金，并豁免此后的各期保费；约定金额与轻症疾病发生次数有关，为基本保额的一定比例。当被保险人在保险期间内身故或全残或进入生命终末期，保单将给付约定金额作为身故或全残或生命终末期保险金。约定金额为分段形式，若被保险人于年满 18 周岁前身故或全残或进入生命终末期，则保单给付身故或全残或进入生命终末期时的保险合同累计已交保费；若被保险人于年满 18 周岁起身故或全残或进入生命终末期，则保单给付保额。

（二）模拟保单概况

本次测试的模拟保单的基本保额为 50 万元，交费期间为 20 年。模拟保单分别选取了 30 岁男性与 30 岁女性为被保险人，男性保单和女性保单的年交保费分别为 1.5 万元和 1.3 万元人民币。

（三）假设制定原则

中国会计准则下的准备金评估假设具体如下：

- 采用《中国人寿保险业经验生命表（2000—2003）》中的 CL1/2（2000—2003），即非养老金业务表作为死亡率基础表，并参考行业一般水平的发生率经验制定经验乘数假设；
- 采用公司自身经验的重大疾病发生率、轻症疾病三次给付发生率与轻症疾病豁免保费发生率，并对重大疾病发生率考虑一定程度的恶化；
- 其余非经济假设（如退保率、费用、佣金等假设）考虑典型产品所属公司、渠道类型，采用对应的行业一般水平的假设制定；
- 根据监管规定确定折现率曲线，并假定折现率曲线及溢价水平在未来保持不变；
- 通货膨胀率假设采用行业一般水平确定；
- 不利情景假设考虑了死亡率、退保率、和费用的不利情景；
- 评估中未考虑再保影响。

保险公司偿二准备金评估假设，是在会计准备金评估假设的基础上，遵循偿付能力监管规则要求而调整和制定的。

新业务价值评估假设遵循行业评估标准制定，其中负债评估假设与偿二准备金评估假设保持一致，现金流等预测相关假设采用上述会计准备金评估假设。此外，在投资收益、要求资本成本、股东资本成本等假设上，采用行业平均水平进行估计。

（四）中国会计准则

1. 会计准备金的变动趋势

重大疾病保险典型产品的保险期间为终身，评估实务中通常假设被保险人的最大年龄为 106 岁，则模拟保单的保险期间为 76 年。

如图 21 所示，假设模拟保单从未出险，反映预期未来净赔付支出现值的单位会计准备金会随着时间推移而逐步上升。由于产品对死亡风险和重疾风险的保障为终身，随着年龄增长，被保险人发生身故或重疾的预期

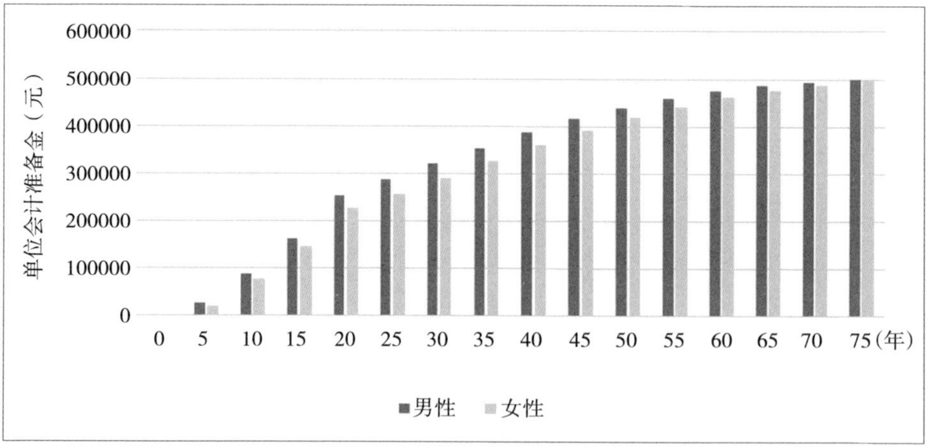

图 21　重大疾病保险典型产品单位会计准备金

时间越来越近，即使保单的赔付责任不变，预期赔付支出的现值也在提高，因此产品的单位会计准备金持续上升，并且无转降的趋势。

男性保单与女性保单的单位会计准备金变化趋势基本一致，但男性保单的单位会计准备金整体略高于女性保单。这是因为男性的死亡率整体略高于女性、男性的疾病发生率也在大部分年龄段高于女性，因此预期未来赔付靠前、赔付现值较多。

对模拟保单做从未出险的假设，实际上是排除了分析中关于有效人数衰减的考虑。考虑人数衰减，相当于观测一组完全相同的模拟保单，其中部分模拟保单会在保险期间内因出险、退保或停交保费等原因而终止。有效会计准备金是考虑了人数衰减和单位会计准备金双重因素的准备金。

如图22所示，在考虑人数衰减的情况下，有效会计准备金呈现先上升后下降的趋势。保单前期的趋势与单位会计准备金趋势相似，随着保费的累积而快速增长。在保单中期，保费缴纳终止、赔付进入高峰，有效会计准备金水平处于高位。保单后期，受到有效人数衰减的影响，有效会计准备金稳步下降。

男性保单的有效会计准备金在前期高于女性保单、后期低于女性保单。这是由于前期男性单位会计准备金略高；而后期，由于男性前期死亡与重疾人数略多于女性，累积到某个时点后男性实际有效人数显著少于女性导致质变，虽然男性保单的单位会计准备金略高于女性保单，但男性保单的有效会计准备金略低于女性保单。

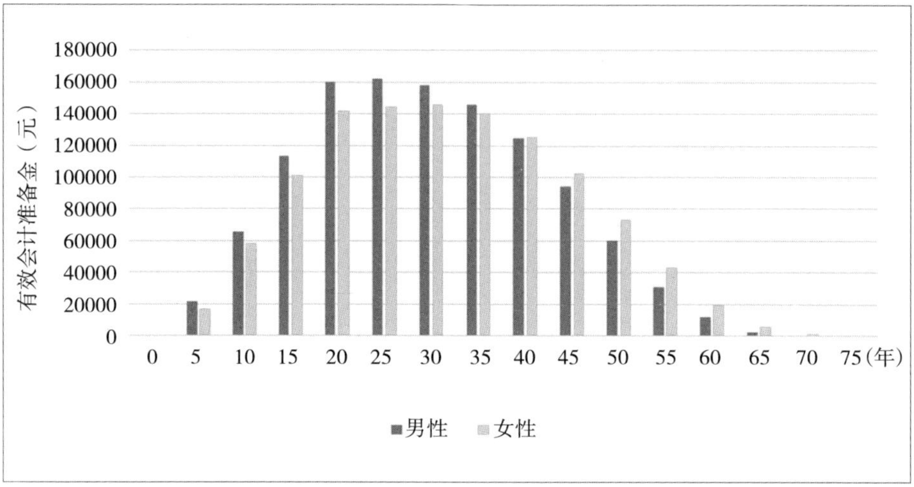

图 22　重大疾病保险典型产品有效会计准备金

2. 首日利得率

重大疾病保险产品模拟保单的保费收入构成与首日利得率如图 23 所示。男性保单和女性保单构成大体相似。

对男性保单与女性保单而言，保险公司未来收到的保费收入的现值预期分别为 16.2 万元和 14.7 万元。其中，约 78% 和 80% 将通过赔付和费用的方式支出。保险公司另外需要计提保费收入现值的 4% 用于应对不利情景带来的额外风险。剩余边际在保费收入现值中的占比，即首日利得率，分别为 18% 和 16%。

请注意，测试结果与非经济假设设置密切相关，此处假设男性和女性重疾恶化率分别为 1% 与 1.5%。由于近年来甲状腺癌发生率持续处于高位，且恶化速度较快，随着发生率经验的更新，实际结果可能有较大波动。

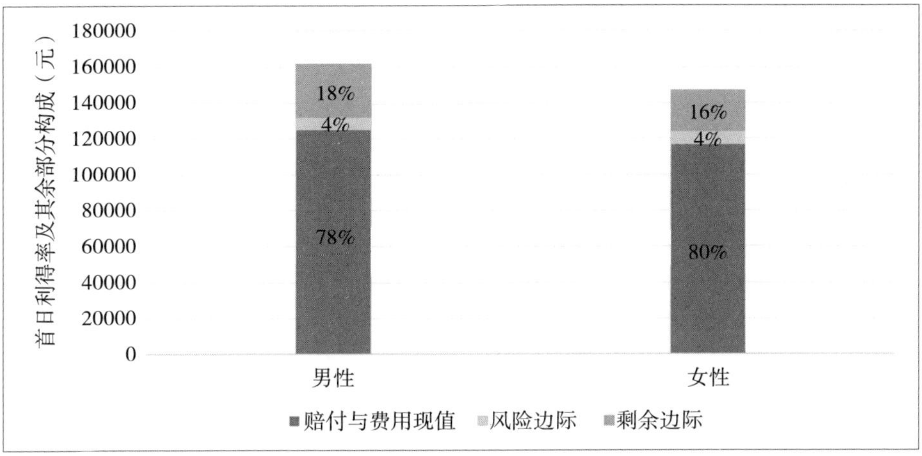

图 23　重大疾病保险典型产品首日利得率及其余部分构成

重大疾病保险产品首日利得率与其他类型产品相比处于中等偏上水平。此类产品保险期间非常长，保险公司在此期间需持续提供身故与疾病保障服务，因此需要通过较高的利润水平来对冲所承担的风险并维持服务。但同时，由于该产品市场竞争激烈、产品价格高且消费者接受度有限，因此产品的利润空间受到一定程度的限制。

3. 预期利润释放趋势

模拟保单在发单时点存在首日利得，继而成为会计准备金中的剩余边际，根据发单时点选定的有效人数作为摊销载体，剩余边际在整个保险期间中逐步释放，形成对公司的利润贡献。

如图 24 所示，模拟保单预期利润释放呈现前高后低的趋势。由于产品假设保单前期的退保率较高，因此有效人数衰减较快，剩余边际释放较多；后期由于退保率较为平稳，因此剩余边际随有效人数衰减缓慢释放。

男性保单的利润释放在保单前期较明显高于女性保单，这是由于男性保单在发单时点的首日利得相比女性保单较高。

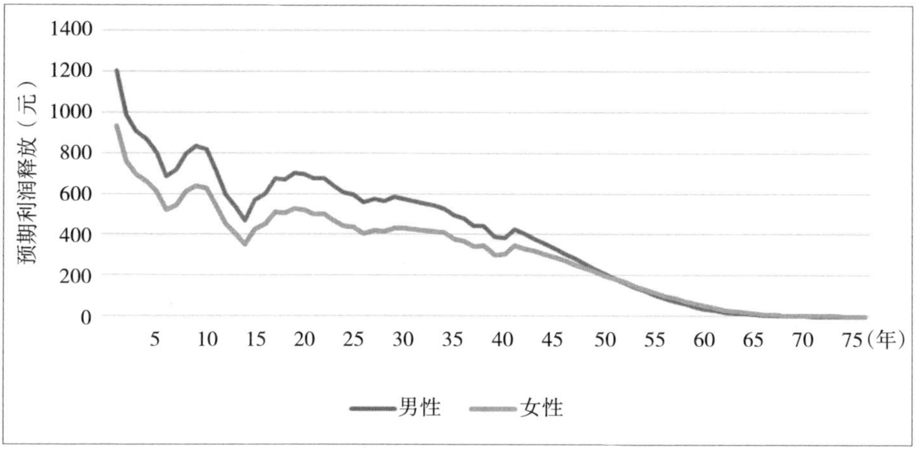

图 24　重大疾病保险典型产品预期利润释放

（五）中国偿付能力监管规则

1. 偿二准备金的变动趋势

根据偿付能力监管规则评估得到的偿二准备金，其变动趋势与会计准备金基本一致，但初始金额为负。偿付能力监管规则下没有剩余边际的概念，允许发单时点出现负的准备金。由于模拟保单存在首日利得，因此初始偿二准备金为负。

如图 25 所示，对于一张从未出险的有效保单，其单位偿二准备金呈现逐年上升的趋势。男性保单与女性保单趋势一致，但男性保单的单位偿二准备金始终略高于女性保单。单位偿二准备金的变化趋势与单位会计准备金变化趋势同因。

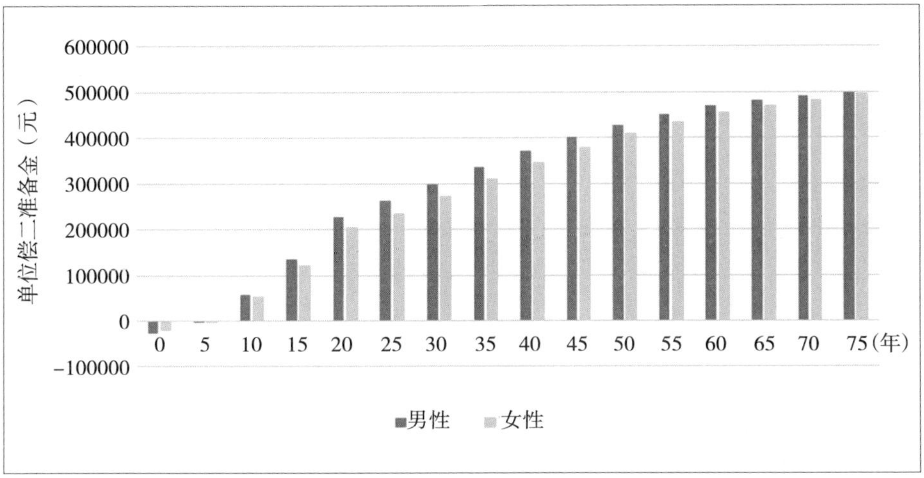

图 25 重大疾病保险典型产品单位偿二准备金

如图 26 所示，在考虑有效人数衰减的情况下，模拟保单的有效偿二准备金呈现先上升后下降的变动趋势。男性保单的有效偿二准备金在前期高于女性保单、后期低于女性保单。有效偿二准备金的变化趋势与有效会计准备金同因。

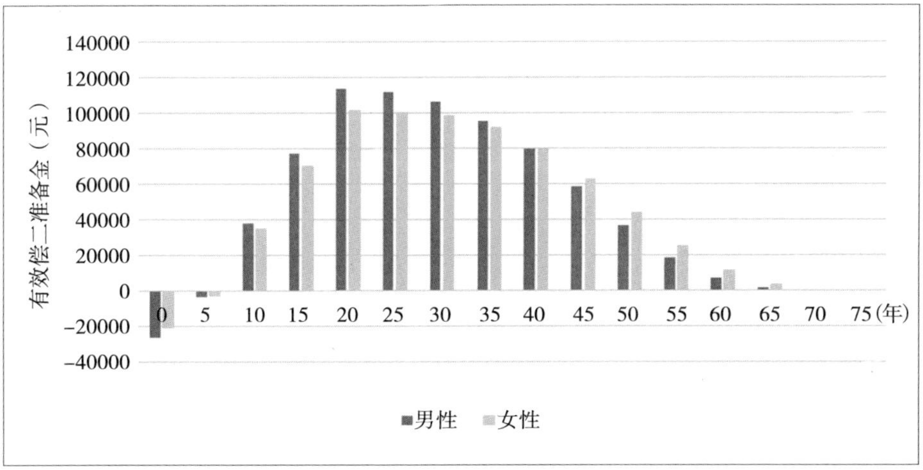

图 26 重大疾病保险典型产品有效偿二准备金

2. 保险风险最低资本

重大疾病保险产品的有效保险风险最低资本占用如图 27 所示，呈现逐年下降的趋势。

对于重大疾病保险产品而言，最主要的保险风险为疾病发生率风险，其最低资本占用呈现下降趋势。虽然随着被保险人年龄增长、疾病发生率上升，疾病发生率的浮动会为保险公司带来更大的不确定性以及更高的最低资本；但考虑到此类保单的有效人数衰减较快，其有效疾病发生率风险最低资本占用仍呈现逐年下降的趋势。

同时，保单还面临一定程度的死亡相关风险，其最低资本同样呈现前高后低的趋势，这与有效疾病发生率风险最低资本同因。

另外，保单在初期还面临一定程度的大规模退保风险和退保率上升风险的最低资本占用，这是因为保单销售需要较高的获取成本，早于预期的保单脱退会使保险公司无法实现未来预期保费，导致亏损。

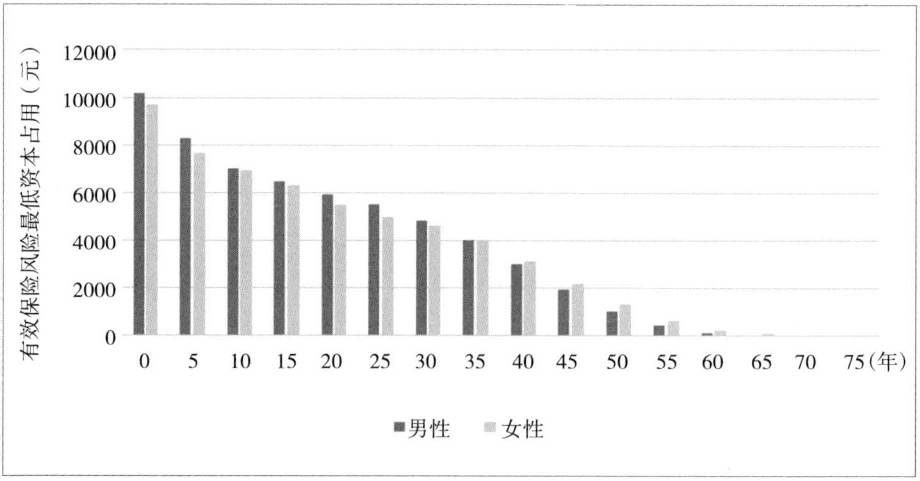

图 27　重大疾病保险典型产品有效保险风险最低资本占用

男性保单的有效保险风险最低资本占用在前期高于女性保单、后期低于女性保单，这与有效偿二准备金同因。

3. 首日溢额贡献率

如图 28 所示，重大疾病保险产品的模拟保单在发单时点存在首日利得，对实际资本有贡献作用，同时最低资本占用水平较低，因此产品对公司的首日偿付能力溢额有贡献作用。以模拟保单的保费收入现值为单位测算，男性保单与女性保单的保费收入现值中分别有 18% 和 15% 为保单的首日利得，贡献实际资本；最低资本占用约为保费收入现值的 7%。综合来看，模拟保单的销售对公司在首日的偿付能力溢额有提升的作用，男性保单与女性保单对首日偿付能力溢额的贡献程度分别为 11% 和 8% 的保费收入现值。

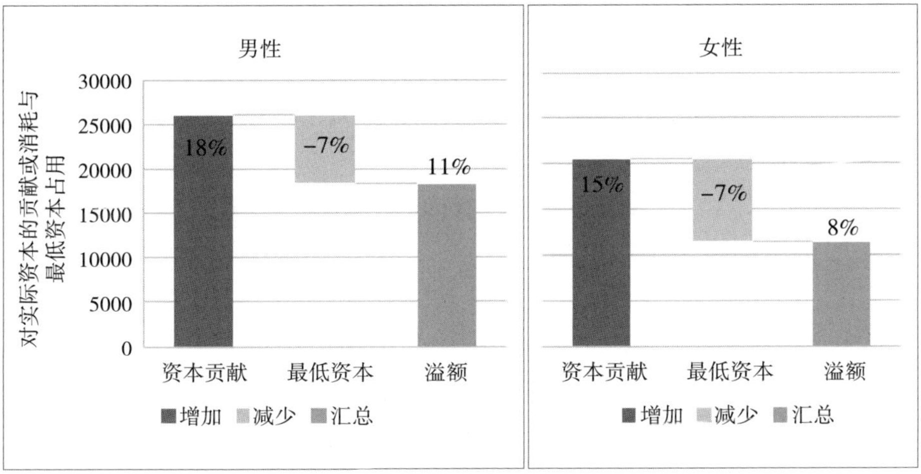

图 28　重大疾病保险典型产品对实际资本的贡献或消耗与最低资本占用

相比储蓄型产品，重大疾病保险产品由于保障属性强，最低资本占用较高；但同时，产品的盈利能力也很强，因此对首日的资本与偿付能力溢额均有较大的贡献。

（六）新业务价值

1. 新业务价值率

重大疾病保险产品通常保障属性强，模拟保单为终身型、保险期间较长，保险公司通常会为这类产品留有较厚的利润边际来对冲高不确定性带来的高风险，因此其新业务价值率较高。如表 4 所示，男性保单与女性保单的新业务价值率分别为 110% 与 98%。相比会计准则下的首日利得率与偿付能力监管规则下的首日溢额贡献率，重大疾病保险产品在价值指标下同样体现了显著的盈利能力。但需要注意的是，新业务价值率与交费期密切相关，通常交费期越短、新业务价值率越低。

表 4　重大疾病保险典型产品新业务价值率情况

性别	新业务价值	首年保费	新业务价值率
男性	16052	14550	110%
女性	12997	13250	98%

2. 可分配盈余与首年新业务压力

如图 29 所示，由于保单首年的获取费用、佣金及手续费用和偿付能力额外资本要求较高，模拟保单在第一个保单年度盈余为负，即新业务为保险公司带来了会计利润冲击。在接下来的几个保单年度中，随着准备金的增长，偿付能力额外资本要求下降，释放出较多盈余。后续年份受到剩余边际与最低资本相互对冲作用的影响，偿付能力额外资本要求持续处于低位或为零，可分配盈余稳定。进入保单中后期，随着有效人数的快速衰减，可分配盈余也大幅减少。

男性保单在首年的亏损大于女性保单。在后续年度中，男性保单盈余在保单前期高于女性保单、在后期略低于女性保单，这与有效会计准备金趋势同因。

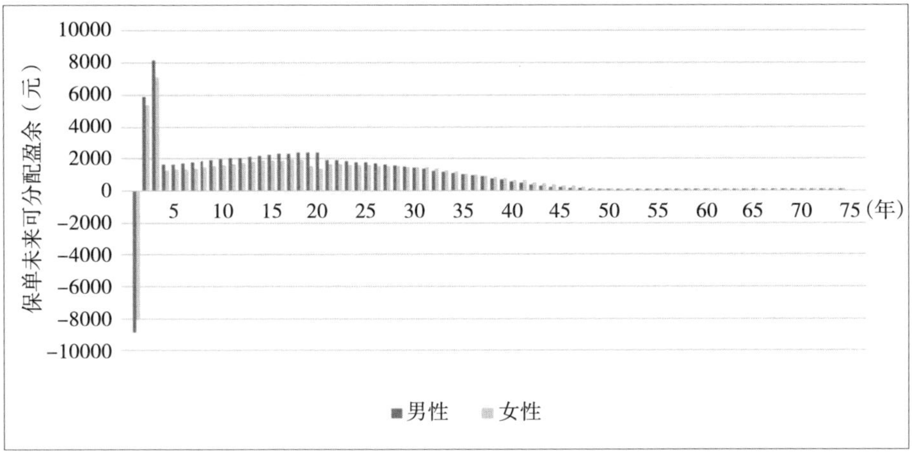

图 29　重大疾病保险典型产品保单未来可分配盈余

五、总结

以上为三款典型的定期寿险产品、增额型终身寿险产品和重大疾病保险产品在中国会计准则、中国偿付能力监管规则和价值体系下的保单测试表现。保险公司在开发产品时，需要综合考虑市场需求、收入规模、盈利能力、偿付能力、价值创造等因素。

中国会计准则下，财务报表口径的保费收入以实际收到保费的时点和金额计量。储蓄型产品通常具有返还性质，符合消费者偏好、较易被消费者接受，销售难度较低。因此，大量销售储蓄型产品可以帮助保险公司提升业务规模。

从盈利能力的角度看，保障属性强且保险期间长的产品盈利能力通常较强、新业务价值较高，如重大疾病保险产品。对于这类产品，保险公司由于承担的风险较高，因此需要较高的利润边际来对冲较大的不确定性。近年来，保险公司在追求业务规模的同时，也越来越多的将业务重心转移至长期保障型产品。一方面，长期保障型产品的高价值可以为保险公司带来长期、持续的利润来源，帮助保险公司高质量发展。另一方面，长期保障型产品有利于保险公司的业务回归本源的保障功能，根本性地、长期地转移被保险人的保险风险。

除此之外，产品开发中还需考虑到产品对公司偿付能力水平的影响。保障型产品由于利润边际较厚，可贡献实际资本，在一定程度上抵消最低资本的占用，甚至对首日偿付能力溢额有正向贡献。但受产品形态与保险期间不同的影响，最低资本占用水平可能不同，如保险期间较长的产品可能面临较高的保险风险和市场风险最低资本。

综合以上讨论，对保险产品的综合考量可以分为三个方向。一、保险服务本质导向，随着保险业务逐渐回归保障本源，落实“保险姓保”的发展方向，保险公司正在从保费规模的竞争转向兼顾保障属性的竞争；定期寿险与重大疾病保险等高保障产品能够更好地服务于消费者的保险保障需求。二、承保盈利能力导向，在保障型保险需求高速增长的阶段，寿险业的盈利模式正在由利差主导转型为承保利润与投资收益的均衡发展；重大疾病保险与增额型终身寿险等高价值产品，是推动保险公司价值转型的主力产品。三、保险资金规模导向，为弥补高保障、高价值产品形态复杂、展业存在难度的短板，保险公司可充分发挥保险业务的资金优势，在着眼承保利润的同时，兼顾投资利润驱动型产品；增额型终身寿险等高规模产品，可凭借其保费规模优势，获取投资收益空间，进而贡献产品价值与公司利润。

在当前的市场大环境中，保险产品的开发与销售不再适合单一导向，保险公司应以客户实际需求为出发点、丰富人身保险产品供给维度，同时结合自身战略发展需求，对部分产品有所侧重，从而促进公司可持续健康发展。

专题报告二
糖尿病保险产品市场调研报告

一、糖尿病保险产品发展背景

根据国际糖尿病联盟（The International Diabetes Federation，IDF）的统计，中国是糖尿病患者（20—79 岁）人数最多的国家，2019 年达到了 1.164 亿，预计到 2045 年将达到 1.47 亿以上。此外，“糖尿病的后备军”糖前期人群也已高达 0.545 亿。中国已成为“糖尿病大国”，每 6 人中就有 1 人是糖尿病或糖前期患者。

糖尿病给患者自身、其家庭以及社会都带来了沉重的经济负担。2019 年，我国与糖尿病相关的医疗费用支出高达 1090 亿美元[①]（约 7521 亿人民币），糖尿病患者人均每年的治疗费用约为 936 美元（约 6458 人民币）。作为一种病情不可逆的疾病，糖尿病需要患者长期持续性的投入。其引发的各类并发症也会大大增加患者的医疗花费，如心血管疾病的主要诊断和

① 数据来自《IDF 第九版全球糖尿病地图》。

次均住院费用就可高达两万元以上。随着城市化及老龄化进程加快，超重肥胖人群数量的增加以及糖尿病诊断率、治疗率的提高和人们保险意识的增强，预计未来中国糖尿病保险市场会进一步扩大。

面对日益严峻的糖尿病患病趋势和高额的医疗费用支出，仅凭社会医疗保险难以满足糖尿病人群的医疗保障需求，商业健康险应在其中发挥自己的作用。现行健康险市场产品同质化严重，针对标准体的保险市场在各家险企的争夺下已成为一片红海。市场规模前 12 名的寿险公司占据了 80% 的保费收入，前 10 名的保险公司占据了 96% 的行业利润。在此环境下，中小型保险公司激进经营同质化健康险，无异于饮鸩止渴。想要冲破同质竞争的“囚徒困境”，险企需重构健康险生态，在既有业务的基础上，向次标体保险这一蓝海进发。而想要在次标体保险市场上获得成功，则必须改变现有产品的设计逻辑，对投保人群进行细分，精准识别风险、度量风险，实施差异化定价和覆盖全流程的精准风控。

次标体的种类众多，风险因素庞杂，所以需要选择合适的病种切入，最小化投入产出比。根据爱选科技统计，保险行业 84% 的代理人在职业生涯中都遇到过因糖耐量异常或患有糖尿病而不能投保健康险的客户，上千万糖尿病患者未能得到健康险保障。早在 2013 年便有多家保险公司推出了糖尿病保险产品，初代产品主要为糖尿病特定疾病保险。这类产品保险期间短、保额低、保费高、仅承保 6 种糖尿病并发症。但从销售结果来看，初代糖尿病保险也并没有达到预期的市场效果。近几年，糖尿病疾病保险和糖尿病医疗保险产品也纷纷面世，丰富了糖尿病保险市场。下文将从糖尿病保险产品的开发难度、产品特征、产品比较分析三个方面对我国当前的糖尿病保险市场进行剖析，并阐述糖尿病产品市场的未来发展方向。

二、糖尿病保险产品开发难度

近年来，中国商业健康险已进入飞速崛起的时代，“老龄化”“疾病谱系变化”“消费升级”的三大社会特征带来了商业健康险的巨大需求缺口。而现有的保险市场上，保险产品尽管品类繁多，但对于不同客群的差异化需求尚不能满足，产品同质化问题严重。抓住商业健康险快速发展的时代机遇，跟紧新趋势，提供更紧密贴合客户差异化需求的保险产品，已是各大保险公司研发产品时的必然选择。

然而，受制于当前的数据分析和定价的能力，保险产品要想满足更细分的消费者群体的需求，实现从“只保健康人群”向“非健康人群也能保”的转变并不能一蹴而就。如何打造出“非健康人群”可保，有受众、有风控，消费者认可的“新”保险产品？这就要求保险公司不仅能够精准定位到特殊消费者群体，同时还能形成该类群体的风险画像，建立行之有效的风控方案，为消费者提供全面而有效的切实保障，并通过此类创新型产品开拓新的蓝海市场。

从以上几点出发，爱选科技也在糖尿病保险领域展开了积极尝试，通过深入的研究与实践，我们发现糖尿病险从产品设计、客群特点、风险控制等多个环节都与传统产品显现出巨大的差异，为产品设计带来了不小的挑战。

（一）糖尿病险开发的不可能三角形——全面保障、极致定价、有效风控

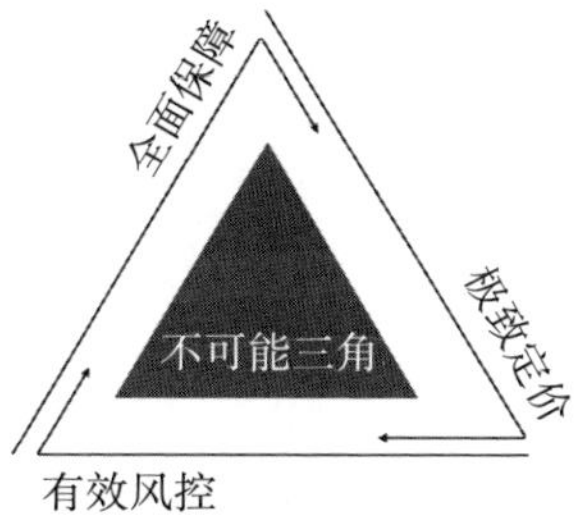

图 1　糖尿病险开发的不可能三角

全面保障。糖尿病保险设计应该不仅仅围绕着糖尿病相关并发症提供保障，无论从保险代理人还是客户角度来看，与健康体同样的保障范围都是一个“强需求”。从代理人角度：糖尿病产品保持与日常销售的常规健康险产品一致，可以保证代理人基于对常规健康险产品的理解直接销售糖尿病险，降低展业难度。从客户角度：因为糖尿病是一种慢性疾病，客户在日常生活中缺乏对疾病状态的直接感知，患者对自身“病人”身份有着天然的抵抗心理，加之糖尿病防治知识在全社会范围内的推广和分级诊疗等新型糖尿病诊疗、管理制度的实施，绝大部分的糖尿病患者已经能清晰地认识到只要坚持科学管理，糖尿病相关并发症的发生率并不高这一事实，但他们与普通人面临的癌症等重大疾病的风险一致，所以期望得到与健康体一致的保障范围。

极致定价。通过对糖尿病已有的研究和数据分析，我们发现部分糖尿病患者在患病后由于注重自身健康，采用更健康的生活方式，甚至有较

健康体更低的疾病发生率和死亡率。但由于我们在产品销售时无法准确地识别和定义投保人的健康管理行为，加之保险产品本身就会吸引身体不健康的人投保，所以我们无法做出所有客户都是坚持健康生活方式的糖尿病人的假设，最终结果是糖尿病产品的发生率假设还是远高于常规健康险产品，加之糖尿病客群的平均年龄高于健康体客群，其获得全面保障的价格也就异常高昂。

有效风控。糖尿病人群中有着相当大一部分高风险人群，保险公司如何对其进行有效识别与控制也是一个至关重要的命题。从我们的研究来看，部分高风险的糖尿病患者的相对风险值为低风险患者的数倍，将该部分人群纳入保障范围内将极大地推高保障成本。

（二）糖尿病险的“健康保障”与“保障健康”

糖尿病人群除了“健康保障”的需求外有强烈的“保障健康”需求，糖尿病险本身就是健康管理与保险结合的最好场景，如何将优质的糖尿病管理服务有机融入保险中同样是不小的挑战。产品设计中既要考虑到为患者提供真正有效的、可触达到广泛客户的、有价值的健管服务，同时需要考虑服务的成本以及对整体成本结构的影响。

图 2　糖尿病健管服务不可能三角

综上，要想在糖尿病保险市场上获得成功，必须改变现有产品的设计逻辑，对投保人群进行细分，精准识别风险、度量风险，实施差异化定价和覆盖全流程的精准风控，在各个不可能三角形中找到平衡点，这对产品设计、风控方法、销售策略等多个方面都是巨大的挑战。

三、糖尿病保险产品特征分析

（一）产品简介

糖尿病保险产品是指针对糖前期和糖尿病患者的保险产品。近几年，市面上出现了三十余款糖尿病保险产品，其中主要有重大疾病保险、特定疾病保险、中端医疗险这三种保险类型。除了基本的保障责任外，有些产品会提供糖尿病并发症的额外给付责任和健康管理服务等。

（二）保险责任

糖尿病保险产品主要有以下三种形态：

重大疾病保险：保险责任与常规重疾险相同，提供对重大疾病、身故等责任保障，投保人群面向糖前期及糖尿病患者。

特定疾病保险：仅涵盖糖尿病并发症保险责任。大部分产品都涵盖了对糖尿病导致的脑中风后遗症、终末期肾病、急性心肌梗死、双目失明、截肢和深度昏迷等疾病保障。

中端医疗保险：不仅涵盖一般医疗保险责任或重大疾病医疗保险责任，部分产品还包含糖尿病严重并发症的额外给付责任。

（三）产品基础形态

糖尿病保险产品基础形态见表1—表3。

表1 糖尿病保险产品基础形态——重大疾病保险产品

投保年龄	18—60周岁
保险期间	终身
交费期间	趸交、5/10/15/20/25年交
等待期	90/180天
投保人群	健康人群或糖耐量异常或2型糖尿病患者
保障内容	重疾责任
	身故责任

表2 糖尿病保险产品基础形态——特定疾病保险产品

投保年龄	18—60周岁
保险期间	1/5/10/20年或终身
交费期间	趸交
等待期	90/180天
续保	保证续保：每5年为一个保证期
投保人群	健康人群或糖耐量异常或2型糖尿病患者
保障内容	糖尿病严重并发症责任：按合同基本保额给付保险金

表3 糖尿病保险产品基础形态——中端医疗保险产品

投保年龄	18—60周岁
保险期间	1年
交费期间	趸交
等待期	90天

（续表）

续保	非保证续保
投保人群	健康人群或患有原发性高血压或糖耐量异常或 2 型糖尿病患者
报销范围	二级及二级以上公立医院普通部
给付比例	无社保：60%/90%/100%； 有社保且使用社保：90%/100%； 有社保未使用社保：60%
保障内容	一般医疗保险金
	重大疾病医疗保险金
	糖尿病急性并发症责任：给付住院津贴保险金
	糖尿病常见并发症责任：按附加合同基本保额给付保险金

这三种糖尿病保险产品的形态设计还是遵循传统产品的思路。但是为了给糖尿病和糖前期患者提供更多的保障，有些产品会增加对糖尿病严重并发症额外给付的责任，如在一些产品计划中，对于糖尿病常见并发症（如脑中风后遗症、终末期肾病等），按合同基本保险金额给付保险金；对糖尿病急性并发症（如重度糖尿病酮症酸中毒、高血糖高渗状态等），给付住院津贴保险金。

四、糖尿病保险产品比较分析

（一）产品责任

除了基础责任之外，不同糖尿病保险产品涵盖的具体保障责任不尽相同。本报告选取了六种不同的糖尿病保险产品进行比较分析，包括 2 款重大疾病保险产品、2 款特定疾病保险产品和 2 款中端医疗保险产品，具体责任对比见表 4 和表 5。

1. 重大疾病保险和特定疾病保险

表 4 典型糖尿病保险产品责任对比——重大疾病保险和特定疾病保险

<table>
<tr><td rowspan="2">一级责任项</td><td rowspan="2">二级责任项</td><td rowspan="2">产品 A</td><td>产品 B</td><td rowspan="2">产品 C</td><td>产品 D</td></tr>
<tr><td>（产品 A 附加险）</td><td>（产品 C 附加险）</td></tr>
<tr><td rowspan="8">基本信息</td><td>产品类型</td><td>终身型重疾险</td><td>特定疾病保险</td><td>终身型重疾险</td><td>特定疾病保险</td></tr>
<tr><td>投保年龄</td><td>18—55 周岁</td><td>18—55 周岁</td><td>20—60 周岁</td><td>20—60 周岁</td></tr>
<tr><td>保险期间</td><td>终身</td><td>1 年</td><td>终身</td><td>1 年</td></tr>
<tr><td>缴费期间</td><td>15/25 年</td><td>趸交</td><td>趸交、5/10/20 年</td><td>趸交</td></tr>
<tr><td>等待期</td><td>90 天</td><td>90 天</td><td>180 天</td><td>180 天</td></tr>
<tr><td>被保人群</td><td>葡萄糖耐量异常或 2 型糖尿病的患者（血糖控制情况良好、无严重并发症和合并症）</td><td>葡萄糖耐量异常或 2 型糖尿病的患者（血糖控制情况良好、无严重并发症和合并症）</td><td>葡萄糖耐量异常或 2 型糖尿病的患者</td><td>葡萄糖耐量异常或 2 型糖尿病的患者</td></tr>
<tr><td>续保</td><td>——</td><td>保证续保：每 5 年为一个保证期</td><td>——</td><td>保证续保：每 5 年为一个保证期</td></tr>
<tr><td>最大续保年龄</td><td>——</td><td>65 周岁</td><td>——</td><td>61 周岁</td></tr>
<tr><td>身故责任</td><td>身故</td><td>意外或等待期后身故，给付基本保额</td><td>——</td><td>意外或等待期后身故，给付基本保额</td><td>——</td></tr>
</table>

（续表）

一级责任项	二级责任项	产品A	产品B（产品A附加险）	产品C	产品D（产品C附加险）
糖尿病责任	糖尿病严重并发症责任	——	等待期后患病，给付附加险基本保额	——	等待期后患病，给付附加险基本保额
	1. 脑中风后遗症	——	√	——	√
	2. 严重慢性肾衰竭	——	√	——	√
	3. 急性心肌梗死	——	——	——	√
	4. 双目失明	——	√	——	√
	5. 截肢	——	√	——	√
	6. 糖尿病酮症酸中毒深度昏迷	——	√	——	√
重疾责任	重疾数量	100种	——	50种	——
	重疾	意外或等待期后确诊，给付基本保额	——	意外或等待期后确诊，给付基本保额	——
	重疾给付次数上限	1次	——	1次	——
	轻症数量	50种	——	——	——
	轻症	意外或等待期后确诊，给付基本保额的20%	——	——	——
	轻症给付次数上限	3次	——	——	——

（续表）

一级责任项	二级责任项	产品 A	产品 B（产品 A 附加险）	产品 C	产品 D（产品 C 附加险）
免责	糖尿病责任免责数量	——	8 条	——	9 条
	其他免责数量	15 条	——	16 条	——

重疾险类型的糖尿病保险产品市面上还比较少，产品责任上无特别创新，仅是向糖前期及糖尿病患者提供投保重疾险的权益。但是产品 A 和产品 C 都提供了可供搭配的附加险（分别为产品 B 和产品 D），把糖尿病并发症额外给付责任纳入到保障当中。

特定疾病险类型的糖尿病保险产品只包含糖尿病严重并发症保险责任。具体保障的病种一般包括脑中风后遗症、严重慢性肾衰竭、急性心肌梗死、双目失明、截肢、糖尿病酮症酸中毒深度昏迷这六种并发症中的 4—6 种。产品 D 的保障比较全面，产品 B 则不包含急性心肌梗死这一病种。

2. 中端医疗险

表 5　典型糖尿病保险产品责任对比——中端医疗险

一级责任项	二级责任项	产品 E（保险计划）	产品 F
基本信息	产品类型	中端医疗险	中端医疗险
	投保年龄	18—60 周岁	18—55 周岁
	保险期间	1 年	1 年
	缴费期间	趸交	趸交
	等待期	90 天	90 天

（续表）

一级责任项	二级责任项	产品 E（保险计划）	产品 F
基本信息	被保人群	身体健康且能正常工作、生活，或已罹患 2 型糖尿病，或符合约定的糖尿病前期状态的自然人	初次投保时确诊患有原发性高血压或 2 型糖尿病，能正常工作或生活，且正在进行高血压或糖尿病疾病管理的慢性病患者
	医院范围	二级及二级以上公立医院或保险人指定或认可的医疗机构	仅限于二级及以上公立医院普通部
	免赔额	1 万	标准版：1 万； 经济版：2 万
	给付比例	有社保且使用社保：90%/100%； 有社保未使用社保：60% 无社保 :90%/100%	有社保且使用社保：90%； 有社保未使用社保：60% 无社保：60%；
	续保	非保证续保	非保证续保
	最大重新投保年龄	80 周岁	80 周岁
糖尿病责任	糖尿病严重并发症责任	初次罹患下列糖尿病并发症，按合同基本保额给付保险金	——
	1. 双目失明	√	——
	2. 截肢	√	——
	3. 深度昏迷	√（仅包含糖尿病酮症酸中毒导致的深度昏迷）	——
	糖尿病急性并发症	初次罹患下列糖尿病急性并发症，给付住院津贴保险金	——

（续表）

一级责任项	二级责任项	产品 E（保险计划）	产品 F
糖尿病责任	1. 重度糖尿病酮症酸中毒	√	——
	2. 高血糖高渗状态	√	——
	3. 糖尿病乳酸酸中毒	√	——
一般医疗保险金（住院医疗费用）	床位费	√	√
	膳食费	√	√
	药品费	√	√
	诊疗费（医生费）	√	——
	治疗费	√	√
	护理费	√	√
	检查化验费	√	√
	手术费	√	√
	其他费用	重症监护室床位费	重症监护室床位费、救护车使用费
一般医疗保险金（特殊门诊医疗费用）	门诊肾透析	√	√
	门诊恶性肿瘤	√	√
	器官移植后的门诊抗排异	√	√
	门诊手术费	√	——
	其他责任	——	门诊慢性肾功能衰竭早期治疗费 门诊激光治疗费
一般医疗保险金（其他责任）	住院前后门急诊费用	住院前 7 天，出院后 7 天	住院前 7 天，出院后 7 天

（续表）

一级责任项	二级责任项	产品 E（保险计划）	产品 F
重大疾病医疗保险金	重疾数量	100 种	100 种
	重大疾病住院医疗费用	√	√
	重大疾病特殊门诊医疗费用	√	√
	重大疾病门诊手术医疗费用	√	√
	重大疾病住院前后门急诊费用	√	√
质子重离子医疗保险金	质子重离子医疗保险金	√	√
免责	免责数量	29 条	24 条

糖尿病医疗保险产品也是向糖前期及糖尿病患者提供了投保权益。保险责任主要有一般医疗保险金责任，包括床位费、膳食费、护理费等项目；部分产品也有重大疾病医疗保险金责任，保障重疾的数量多在 100 种左右，为重大疾病导致的住院医疗、特殊门诊医疗、特殊门诊手术、住院前后门急诊等费用提供保障。此外，产品 E 保险计划通过搭配附加险的方式，为三种糖尿病严重并发症提供额外给付的责任；还可附加糖尿病急性并发症住院津贴责任，保障比较全面。产品 F 则仅包括了一般医疗保险金和重大疾病医疗保险金责任。

总体而言，当前市面上的糖尿病保险产品差异不大，以上选取的六款产品都比较典型。重大疾病险和中端医疗险类型的糖尿病保险产品的保障责任和传统的保险产品基本保持一致，针对糖尿病并发症的额外给付责任主要通过搭配附加险的方式进行保障。特定疾病保险大多采用按基本保额给付特定疾病保险金的方式，对 2—6 种糖尿病严重并发症进行保障。

（二）产品费率

上述六款产品的费率对比统计结果见表 6—表 8。

表 6　重疾型糖尿病保险产品费率对比（每万元基本保险金额 单位：元）

产品	产品 A		产品 C	
缴费期限	25 年		20 年	
年龄（岁）	男性	女性	男性	女性
20	175	166	175.9	155.6
30	241	227	242.6	214
40	345	311	339.6	293.1
50	—	—	483.6	412.3

表 7　特定疾病型糖尿病保险产品费率对比（每万元基本保险金额 单位：元）①

产品	产品 B		产品 D	
缴费期限	趸交（一年）		趸交（一年）	
年龄（岁）	男性	女性	男性	女性
20	11	7	14.8	11.1
30	19	14	33.2	23.1
40	33	25	62.2	38.2
50	62	41	128.2	63.5
60	—	—	222	102.3

① 注：该费率为首次投保或保险期间届满 60 日（中断保障）后重新投保的费率

对于重疾险类型的糖尿病保险产品，在二者缴费年限不同的情况下，产品 C 累计需缴纳的总保费低于产品 A。对于特定疾病险类型的保险产品，产品 D 的费率高于产品 B。但产品 B 采取了常用重疾险的健康告知，智能核保后对糖尿病患者进行 20% 到 100% 的加费，最终的承保费率会高于上表中的原始费率；产品 D 则不会对非健康体进行加费。所以，虽然表 7 中产品 D 的费率显著高于产品 B，但是二者的实际承保费率差异会根据糖尿病患者各项身体健康指标的具体情况而定。

表 8　中端医疗型糖尿病保险产品费率对比（单位：元）

产品	产品 E（仅主险）		产品 F		费率差异（产品 E—产品 F）	
给付比例	有社保且使用社保：90%；有社保未使用社保：60% 无社保：90%		有社保且使用社保：90%；有社保未使用社保：60% 无社保：60%			
年龄（岁）	有社保	无社保	有社保	无社保	有社保	无社保
21—25	360	1130	247	351	113	779
31—35	514	2266	493	759	21	1507
41—45	984	4172	835	1721	149	2451
51—55	1952	7564	1311	3161	641	4403
61—65	3228	12830	2442	5581	786	7249

两款中端医疗险型的产品对于 41 岁以下有社保人群的费率相差不大。对于无社保和 41 岁以上有社保人群，产品 E 的费率明显高于产品 F，主要原因有以下两点。一是对于无社保人群，二者的给付比例不同；二是二者的参保条件不同，产品 E 的健康告知比较宽松，允许高血压、糖前期和 2 型糖尿病患者参保；产品 F 则不允许高血压患者投保，对血糖相关指标

的要求也比产品 E 要高。临床上许多高血压病人经常伴有糖尿病，糖尿病患者也较多地伴有高血压，二者是同源性疾病。从这点来看，产品 E 面向的参保人群更广泛，赔付风险相对更高。

总的来看，市面上重疾险和中端医疗险类型的糖尿病保险产品的费率和传统保险产品相比差异不大，特定疾病险型的糖尿病保险产品每年的费率基本都在一百元以下。部分糖尿病保险产品给付比例较高，支持智能核保，核保条件更宽松，费率也相对更高。

（三）健康管理服务

部分糖尿病保险产品会提供健康管理服务等增值服务项目，项目细节一般不在条款中列出，而是在宣传界面展示，并以健康服务手册的形式包含在保险合同中。随着“大健康”产业的不断发展，保险产品也更加注重“医疗”与“健康管理服务”的结合，提供的增值服务的种类也越来越多样。常见的健康管理服务包括就医绿通、医疗垫付、线上问诊、饮食指导等内容。对于糖尿病保险产品，囊括的健康管理服务会更有针对性。在我们统计的三十多款糖尿病保险产品中，有 8 款产品除了含有上述几种常见的健康管理服务外，还提供了针对糖尿病的健康管理服务，主要有以下两种模式。

一种是医疗层面的血糖监测管理服务。比如产品 A 包含有糖化血红蛋白复查、血糖检测、糖尿病全面体检、糖尿病 AI 风险评估等服务。同时还提供线上血糖数据记录档案，进行健康指标追踪；搭建控糖经验分享交流的平台，对用户的治疗、饮食、运动等方面给出科学的建议。

另一种是生活习惯层面的控糖管理服务。比如产品C和产品E都提供了为期21天的线上健康管理营特色社群服务——控糖营。由专业的运营团队和专家医护团队提供丰富、科学的趣味活动，帮助用户在21天里养成科学、健康的生活习惯，掌握控糖技巧。此外，产品C还包括有90天的长效自我管理服务，通过医学任务算法和游戏化设计帮助患者进行居家自我管理。

总体而言，现在市面上专门提供针对糖尿病的健康管理服务的产品并不多，健康管理的模式各有不同。有的使用血糖检测和血糖数据追踪的方式，帮助用户更有效地记录自己的健康状态进行血糖管理；有的使用社群管理的方式，提供科学的控糖指导，激励用户养成健康的生活习惯。尽管采取的模式不同，但此类产品都将“血糖监测”和“控糖指导”作为服务的核心。

五、糖尿病保险产品展望——“新保险”的探路石

（一）糖尿病保险产品利益创新空间有限——重点在服务端与销售端

历经数十年的发展，从上文的产品分析得出，糖尿病保险的责任设计始终都在朝着满足糖尿病患者的核心需求拓展，不但从保障范围上涵盖包括糖尿病常见并发症、急性并发症在内的糖尿病患者特定风险，同时其常规重疾保障也在向着面向健康人群的重疾险靠拢。本报告认为糖尿病险产品利益优化空间已经非常有限，下阶段进化的方向主要集中在服务端和销售端创新。

由于糖尿病客户与普通健康体客户相比需求更加的复杂和多样，已经不仅仅停留在保险保障层面，保险公司如果推出与糖尿病患者需求结合的特色健康管理服务，也将极大地提高产品吸引力。这里保司可提供的服务不限于院内的诊疗服务，更应该是可以和院内治疗相补充的院外管理服务，让管理服务与保险进行深度互动，使用降低保费或增加保额的方式激励客户积极参与健康管理，控制自身的健康风险，真正实现为客户提供“健康保障”的同时也“保障客户健康”的目标。

当某款产品聚焦到某一特定人群上，如何有效触达客户也非常重要。在未来一段时间内保险公司能否深入各个糖尿病患者聚集渠道，并根据渠道特点设计产品转化矩阵与营销策略将是糖尿病险能否贡献大规模保费的关键。但在合作中如何找到与渠道的商业利益结合点需要重点关注，如果单以佣金反馈渠道而忽视保险对渠道自身主营业务的反哺，合作仅能停在表面，无利于业务长期发展。

（二）糖尿病保险产品的核心在风险控制

调研结果让爱选得以更深一步地了解市场潜力，也更明确糖尿病险要想真正打动目标客户群体，要有相对合理的保费、足够久的保险期间、足够多的保障（病种）、合适的保额，还需要配有健康管理服务。

糖尿病患者的整体风险高于健康人群是不争的事实，如果基于全部糖尿病患者的风险情况进行定价，将不具备保险销售的可能性。爱选将患者风险进行详细分析并对风险等级分类后发现，中低风险人群的整体风险仍处于可保范围内，但如何将分析研究中用到的数据和技术移植到产品销售层面是

图 3　糖尿病保险产品的风控逻辑

一个非常大的挑战。在销售过程中要求风控方法简单、有效、低成本、不打断销售流程，面临的环境与研究相比更加复杂，能得到的“数据原料”也更加简陋，所以如何找到更好的风控方法是糖尿病险市场发展的关键。同时，我们也看好承保后的特色健管服务对整体风险的控制效果，不过目前暂无足够有效的数据可以量化各种健管服务对保险赔付的优化情况。

（三）糖尿病保险产品——远行无急步

经过多年的发展，我们已经看到了保险行业同仁在糖尿病险领域的诸多有益尝试，虽然现在该险种还未呈现爆发式增长的趋势，但是本报告认为糖尿病险的需求长期存在，且糖尿病患者存在巨大的保障缺口，现在仅处于供给与需求不完全匹配、产品无法有效触达客户的阶段。相信随着大数据、人工智能与配套医疗健管体系的发展，最终一定能找到突破点。不积跬步，无以至千里，打造全面、适合糖尿病人的保险产品长路漫漫。

等风来，坚持科学踏实的“非标体”产品开发研究和努力，待风来时，顺风而上！

专题报告三

近年我国健康保险关联的重大卫生管理动作简议

近年，随着卫生事业取得长足发展，我国人民群众的健康水平得到了显著提高。人民的疾病负担水平得到了有效的控制，健康预期寿命也出现了显著的增长。同时，人民对于健康的需求以及在健康的维持和再获取上投入的消费也日渐增加。这一方面极大地推动了健康产业的发展，另一方面也增加了健康支出在居民消费支出中的比例。

健康支出具有长期性、不确定性和膨胀性等特点。由于健康是围绕个人全生命周期的重大问题，居民投入在健康上的支出，其费用的流出和健康支出带来的回报都是基于整个个人全生命周期而进展的，因此具有相当水平的长期性。此外，个人的行为虽然能够一定程度上影响其健康水平，但从本质上讲，疾病、伤残等问题依然具有相当高水平的不确定性，进而带来居民健康支付负担的不确定性。由于卫生体系中显著的医疗通货膨胀和技术进步等效应的影响，卫生支出在长期视角下还具有相当高的膨胀属性，增加了居民进行健康预算管理的困难。

为了针对性地缓解上述问题，我国的健康保险事业随着卫生事业的进步和人民健康需求的提高进入了高速发展的阶段，自 2013 年至今已有相当的市场规模。随着市场规模的增加和商业保险作为支付方在整体支付比例的增加，保险监管机构和卫生监管机构均提出了一系列监管动作，以期规范市场及机构行为。与此同时，部分保险机构和卫生机构也提出了针对性的改良和创新，尝试在环境的变革中抓住新的商业机遇。

本报告旨在结合我国健康保险市场发展现状及其特点，对部分卫生系统中较为重大的关联事件进行简析，并对其可能对我国商业健康保险带来的影响进行一定程度的讨论。

事件一　社商合作（《中共中央 国务院关于深化医疗保障制度改革的意见》）

2020 年 3 月 5 日，《中共中央 国务院关于深化医疗保障制度改革的意见》（以下简称“意见”）发布。其中第七节第二十五条明确提出“需持续推进医保治理创新。推进医疗保障经办机构法人治理，积极引入社会力量参与经办服务，探索建立共建共治共享的医保治理格局。规范和加强与商业保险机构、社会组织的合作，完善激励约束机制。探索建立跨区域医保管理协作机制，实现全流程、无缝隙公共服务和基金监管。更好发挥高端智库和专业机构的决策支持和技术支撑作用。”国家医疗保障局在后续的解释性文件和一些实际的市场行为中也陆续对商业保险和社会医疗保障间的合作和交互方式进行了约束和示范。随着框架性文件的正式发布，商业保险对社会医疗保障的辅助和补充作用进入了一个全新的阶段，其业务规模和保障深度也到达了新的水平。社商合作的全面发展对商业健康保险可能产生以下几点影响。

第一，风险池的分割。框架性文件对社会医疗保障的定位做了进一步的明确，也为商业保险在我国居民健康风险的覆盖范围提供了合法性和合理性的明确标识。意见明确了社会医疗保障范围的基本性和保障水平的公平性，要求社会医疗保障应该主要针对人民健康风险中受到威胁的基本需求的部分进行覆盖和补偿，并且需要在地区、病种、人群等多种意义上实现公平和无偏。这在某种程度上讲，将社会医疗保障计划覆盖的风险类别和风险水平进行了划定。从商业保险的视角而言，超出基本保障需求的市场，在一定时间内将不会受到社会健康保障显著的挤出影响。具体地：

一、主动医疗相关的健康需求，包括非必需的医疗整形、医疗美容、健康管理、辅助生殖等，因其存在一定程度的非必要性，居民具有主动选择的空间，因此较少被划在基本医疗保障需求之中；

二、高价值医疗需求，包括新技术进步（特药、高值耗材）、就医环境需求、可及性需求等，由于其在药物经济学视角上的非经济性（CEA-CBA）[①]，很难被容纳在基本的医疗保障体系中，也被划到商业保险可以主要覆盖的区域；

三、健康管理需求，包括保健、亚健康管理、健康行为管理等需求。由于该类需求超出了传统医疗与公共卫生领域的范畴，且存在一定水平的

---

① 注：Cost-Effective Analysis（成本—效果分析）和 Cost-Benefit Analysis（成本—收益分析）。

主观性，基础的医疗保障不会覆盖此类需求及其对应的风险；

四、护理、康复及看护需求，此类需求将部分地划至非基础保障的范围，由社会保险和商业保险共同覆盖；

五、其他非基础需求，包括罕见病、精神健康、收入损失等其他类别。

风险池的分割有利于商业保险公司在人员、市场和技术投入上的集中，也使得商业健康险在不受到社会保障挤出效应的影响下，更好地利用其市场化机制的优势，发挥其对分配效率的提升作用。但需要注意的是，上述部分风险存在一定程度的复杂性，具体体现在“估损困难、边界模糊、主观性强、逆选择高、重尾部”等特征上，需要商业保险公司进行谨慎且妥善的经营管理。

第二，信息共享的可能性。由于一些历史和现实的原因，我国商业保险公司在医疗经验信息的获取上一直存在一定水平的局限性。而我国的医疗信息在公共卫生部门内部的质量、流动和使用水平又受到卫生机构信息化建设进程的制约。再加上一些结构性的原因，使得商业保险公司难以充分获得与居民健康支出及健康风险相关的经验信息。框架文件中为商业保险机构赋予了合作和监督的双重身份，某种意义上将提升商业保险机构与公共卫生部门在信息上交流和共享的可能性。辅以工信部一些与个人信息相关的规范性文件的出台，增加了商业保险公司使用脱敏后的健康经验信息的可行性。而更为细致和可靠的经验信息也将为商业保险公司提供更好的补充产品和保障服务带来可靠的支持。

第三，部分机关信用及强制性的让渡。框架及其补充解释就社商合作做了相关的示范和说明，后续落地的市场尝试也验证了这一点。社会保障体系中蕴含的机关信用背书和获得的强制性许可，可以用一定的方式向商业保险进行让渡。社会保障体系大多由国家机关组织管理，其天然具有可比于国家机关的稳定性和信用水平，而商业保险机构由于一些历史性的问题，其在群众主观判断下的稳定性和信用水平则逊于国家机关及其关联机构。同时，社会保障体系具有强制性的特征，其强制性得到了国家强制性来源的授权。为此，社会健康保障费用征收的强制性存在法理依据（虽然在执行层面依然面对很多困难）。相反地，商业保险则具有在灵活性、技术水平和管理精细程度上的优势。二者在该领域的互通有无，对双方均有可观的收益和效率提升。具体地：

一、机关信用背书的共用。商业保险可以通过与社会保险共同设计或管理产品获得与社会保险近似水平的机关信用背书。典型的例子包括近年高速增长的惠民保类的产品。该类产品以商业保险的本质，通过各类与社会医疗保障体系的接洽完成了在信用层面上与社保的绑定。因此在群众触及和群众信任的角度上获得了很大的优势；

二、强制性的让渡。新文件的落实文件开放了社保部分业务向商保的委托管理和委托经营机制。在该机制下，商保可以通过收取固定或浮动管理费的方式管理一部分社保覆盖的居民健康风险。从业务实质的角度讲，这构成了一种广义的转分保，而从经营的角度讲，则是商业保险公司借助社会保险的力量实现了保费的强制征收；

三、其他社会机制的借力。社会医疗保障在运转的同时需要配合一些其他的社会政策和宏观安排的需要，但由于其体量和灵活性的原因，配合起来存在一定的困难。商业保险存在着配合和借助相关机制的需要，但由于结构性问题难以直接作出相应的贡献。二者新的合作通道可以使健康保险行业整体更好地配合宏观机制的运转和推进。典型的例子包括对扶贫减贫政策的扶贫健保、对区域经济策略的企业补充团体优惠和PPO①、对人口政策的生育补充商业保险等。

总体来说，社商合作为商业健康保险带来的好处主要在于市场挤出压力的下降和社保特有优势的共享两个方面。但值得注意的是，社保向商保开放的领域具有一定程度的选择性和独特性。商业保险公司一方面需要深刻认识让渡风险的复杂和管理的难度，另一方面也要对一些政策层面的波动和变化保持高度的敏感。

事件二　支付改革（按疾病诊断相关分组及点数法付费DRG&DIP改革）

2021年3月31日，国家医保局召开2021年医保支付方式改革试点推进视频会，部署按疾病诊断相关分组付费（即DRG付费）与区域点数法总额预算和按病种分值付费（即DIP付费）两个试点年度重点工作。会议明确了工作目标，提出了时间和进度要求。各省级医保部门和试点城市要进一步提高政治站位、对标对表、细化举措、强势推进，30个DRG试点城市和71个DIP试点城市今年内分批进入实际付费，确保2021年年底前全部试点城市实现实际付费，试点工作如期完成、取得实效。

① 指Preferred-Provider Organization（优先提供者组织）。

基于诊断相关分组或点数法进行付费的支付方式改革，其本质上是采用一些特征对按次执行的医疗行为进行拆分和分类，并且对每一个分类采用一种统一（或相对统一）的支付标准进行支付。从精算的视角来看，其本质是支付方将一部分与损失强度相关的风险向医疗行为的执行方进行转移，具有定额保险的特征。相对而言，DRG 的分组较 DIP 更为粗略，因而其产生费用控制（风险控制）的水平更高，但卫生机构承担的风险成本也更大。

从卫生管理的角度，改革具有重大的意义。它一方面可以使医院获得控制医疗费用和医疗成本的主观动力，可以有效减少医疗浪费和需求诱导。另一方面可以有效地降低医保基金面对的不确定性，方便管理机构进行资源有效且合理的分配。但是对于商业保险而言，该事件引发的变化可能是复杂的和双向的。

参考一些西方发达国家的发展历史，DRG 支付改革的实行使其国家背景的社会保险（Medicare/Medicaid 或类似性质的国家健康保险）的费用确实得到了有效的控制，短期来看虽然其医疗的效果也产生了一定程度的下降，但下降的水平没有费用控制水平显著。然而在该政策变革下，社保的参与程度出现了一定程度的下降，部分人转而投入商保的服务范围，因此在中期时间尺度上为商保带来了较大的业务量，随之而来的也为商保带来了很高水平的赔付率。西方国家与我国的卫生体系、保障体系和保险市场均存在着较大的差异，尤其是在我国的社会健康保障体系的普适性和强制性基础上，我国商保市场受到社保支付改革的影响也会出现与西方国家不同的响应形态。在社保支付改革的影响下，商业健康保险受到的影响和机遇可能包括如下几点。

第一，损失分布的聚合效应（clustering）及其带来的产品分化。在存在按病种或按病种分值付费之前，医疗费用的分布大多满足一个略右偏稍厚尾的连续分布。这样的情况在社保的支付环境下会产生明显的扭转。除了5%的右端尾部的案例以外，其他的损失都将被压缩为一个确定的水平。对于商业保险而言，由于商业保险相对医院短期难以获取和社保对等的话语权，因此难以直接套用该费用水平进行商业保险的结算。但社保结算费用对商业保险的指导和参考效应将会逐渐在结算中产生作用，也可能通过产品的设计形态实现趋同。此时，损失的厘定有可能会类似分层再保险的原理，发生损失离散化的聚合效应。（DRG诱导的卫生机构管理策略也对聚合效应有一定程度的推动，卫生机构将通过临床路径标准化、套餐处置和套餐医嘱等方式控制自身的医疗成本，进而使DRG外的病历也产生类似的分类效应）。长期地看，商业保险公司可能收获到一部分受到支付改革挤出的业务来源，包括一小部分比例的标准风险个体，以及相当一部分比例的高风险（期望损失的视角）个体。从成本率的角度或许会对商业保险的利润率水平带来一定的短期冲击，但是长期来看能有效促进健康保险产品关于卫生服务水平的细分。商业保险将按照不同的费率水平收取保费，并向被保险人提供与医院约定好的技术水平下的医疗服务。具体的实现路径可能经由西方国家经验性的商保DRG的设计，也可能类似少部分国家的以国家保险为标杆的结算工具，也不排除产生更具我国特色的产品形态的可能。相对地，由于我国的社保具有一定水平的强制性，参保人不会由于支付方式的变化退出社会保障。而我国的医疗服务机构以公立医院为主，结算方式的变化对于医疗质量的影响也将维持在相对可控的水平之内。因此，无论是从业务数量的角度还是业务质量的角度，支付改革对于商业保险公司都是一个相对有利的变化。能够准确抓住损失离散化的趋势进行风险定价（产品细分）的保险公司，可以预期将在该冲击内获得一定水平的收益。

第二，中高端未满足需求（Unmet Need）带来的规模提升。支付改革在控制医疗浪费的同时，倾向于迫使卫生机构选择相对低成本、稳定的医疗干预措施。由于一些非经济性的原因，部分预算宽松的个体依然希望能够在干预措施的选择上存在一定的自由度，或者倾向选择一些成本偏高的干预行为（进口药、进口器材、原研药等）。但这部分需求在调整后的社保体系下将成为未满足需求。经验表明，多数有该类需求的个体将会寻求商保的解决方案。这个趋势与各国的实施经验相似，商业保险会迎来一部分新的需求，进而带来业务量的提升。但如果不对费率变化产生充足的预期，短期内的业务成本可能会出现一定程度的恶化。

第三，交易对手博弈引发的市场结构性转变。长期来看，如果商业保险公司不做任何响应性的改变，则会承接整个医疗市场中的医疗浪费和需求诱导中的主要部分。其导致的结果一方面将通过保费水平传导回消费者本身，另一方面将对保险结构带来成本和风险上的负担。为此，保险机构存在一些可选的措施提升同卫生机构谈判的话语权。具体地：

一、保险机构或将采用联合方式，统一制定商业保险的疾病诊断分组工具同卫生机构进行结算。商业保险的结算水平可能将比社保的结算水平略高，执行标准更为宽松。联合的方式可以通过监管、行业的标准化，也

可以通过可选清单 / 限制清单 / 优选清单的方式实现（PPO/FPO）。

二、保险机构或将针对高端需求联合部分私立医院，使用总额预付的方式或直接简单地维持现状。该部分产品或将以超赔产品的形态长期存在（类似百万医疗）。

三、保险机构或将自建 / 并购卫生机构，将结算由交易行为变成内部控制行为（凯撒模式 /Siege）①。

四、商业健康保险市场或将出现专业的公估机构。

综上所述，支付改革将给商业保险带来新的业务需求，但也会将潜在的医疗浪费和需求诱导更多地引入商业保险的经营环境。商业保险公司应该有效预期增量业务的业务属性和风险特征，通过结算端的有效响应和产品端的精细管理实现机遇的有效把握。此外，由于规模和风险杠杆水平的原因，中小规模的保险公司也应该提前做好转分和资本的相关安排。

事件三　药品集中采购（国务院办公厅印发《国家组织药品集中采购和使用试点方案》）

国务院办公厅 2019 年 1 月 17 日印发《国家组织药品集中采购和使用试点方案》（以下简称《方案》），对国家组织药品集中采购和使用试点工作进行部署，选择北京、天津、上海、重庆、沈阳、大连、厦门、广州、深

① 凯撒模式一般是指保险机构通过自建或并购的方式控股卫生机构，进而其卫生机构的医疗效率问题由一个博弈问题变成了系统内部的问题，一定程度上提升了保险机构对医疗过程的可干预性。

圳、成都、西安 11 个城市开展试点工作。对医保使用的药品进行统一的招标采购。采购以带量采购的方式进行，按照医保预估的 60%—70% 的使用量，量价挂钩，以量换价，有效地完善了价格的形成机制。截至目前，带量采购已经进行了五个轮次，许多药物以极低的价格水平进入了医保的保障范围，切实缓解了医保的资金压力。但也有不同的声音认为该方案过度考虑价格的重要性，对于一些有特殊情况的需求和偏好没有充分的满足。

目前，我国的商业健康保险支出占总医疗支出的比例不足 5%，大范围探讨带量采购的问题或许为时尚早。商业健康险公司在面对传统大型药企和医疗服务机构的市场运行机制中，也缺少足够的价格话语权。因此，本报告对短期内商业健康险建立与医保同等规模和运行机制的带量采购体系抱谨慎态度。然而，商业健康险与医保处于互为补充、互为竞争的生态位，医保这一关键性动作对商业健康险的影响也需要着重关注。本报告认为，商业健康险主要需要在以下几个方面予以关注和响应。

第一，充分利用药品生产企业边际成本极低的特点，在医保的成交价格的基础上尝试补充协议。药品生产企业的成本结构具有其行业的独特性，对于原研药品的厂家，药品的研发费用、实验费用等成本极高，而且还有非常高的研发失败概率。因此，研发成本在原研药品厂家的成本结构中占比很高。而对于仿制药品的企业而言，虽然没有如此高昂的研发成本，其药品的上市依然要经过许多临床试验和真实世界研究的检验，所面临的一次性成本依然不小。但就药品商品的成本本身，其边际成本相对很低（除了一些特殊的药物，比如天然提取、复杂的全合成药物、生物制剂等）。医保能够与药企在带量采购的语境下拿到充分低的成交价格，其本质原因正在于此。对于商业保险而言，医保对药品支付的总金额已经能够覆盖生产企业的固定成本、可变成本和预期利润，因此，更多的以成交价格销售的产品将会创造出可变成本以外的超额收益，从生产企业的角度是有利的。商业保险公司无论是自营医疗服务的模式还是兼介医疗服务的模式，其利润点都并不集中在医疗服务和医疗器械、药品的转销收益上。因此，在保险机构的竞争中，药品的采购竞争也处在不重要的竞争地位，相对的买方市场容易形成，各商业健康险企业或可考虑共同行动，以与医保相同或略高的价格针对医保已经完成谈判的药品与生产厂商签订补充协议，争取充分利用国家医保打好的设施建设的基础，实现一定水平的费用控制。

第二，重点关注在集中采购谈判中未能谈成的药品，尤其是被仿制药击败的原研产品。数次的集中采购结果可以看出，许多仿制药最终战胜了原研药入选了集采清单，部分国产药也因为价格优势战胜了进口药品，获得了大量进入市场的机会。根本而言，还是在于成本优势。回到带量集中采购政策本身，其中一个值得重点关注的概念是一致性评价。专家组通过一定的方式对特定疾病的有效药品进行评估，对于满足相关要求的药品，专家组将认定其为“通过了一致性评价”。这样的评价结果一般不对药品的生产厂商、是否是原研药的区别进行进一步的考察。从某种意义上讲，原研药、进口药的一些隐性优势被完全去除在价格因素之外，进而产生了上述竞标的结果。值得关注的是，商业健康险公司的客户对于价格的重视程度没有社保那么高，尤其是对于一些中高端医疗保险和健康保险，消费者可以承担的医疗成本水平和愿意支付的费用水平均有相当的空间支撑更有隐性优势的产品。而对于那些落选的厂商而言，仅凭纯自费的用药难以支撑其沉没成本，而且还需要面对医院的药品采购委员会的挑战。我们了解到，许多医院在集中采购政策实施后，直接将医院的药品清单与对应病种的集采药品进行了同步。这一方面是出于方便和合规的考虑，另一方面也是对成本的有效控制，虽然控制的成本的最终承担人是患者自身（纯自费），但对于医疗服务的可及性和人民健康支出负担的控制都有很好的效果。这样的变化将使落选了集中采购的药品厂商面对进一步的困境，使得他们更愿意寻求与商业保险公司的合作。在这样的合作机会中，商业保险公司可以以相对低廉（虽然没有医保集采那么低廉）的价格获得原研药的供应，也给商业保险的服务质量提升带来了新的空间。事实上，从实务的角度，部分原研药的展业成本（存在一定的合规风险）占比也不在少数，商业保险公司可以考虑通过有效的产品设计提升其合规水平，变为合理的利润在交易对手间合理分配。

第三，充分利用卫生经济学工具，结合药品清单管理和集中采购机制，有效应对医疗服务标准化和个性化的双重趋势。结合医保的清单管理、集中采购和支付改革的方向可以看出，医保在定调为保基本的前提下，将保基本的重要工具选择在“标准化”上。辅以一些尚在讨论的改进技术，例如标准化临床路径、离院医嘱套餐、ECDSS等标准化的工具，基本的保障将愈发向一致、统一、标准的方向演进。而另一个方向，随着生命科学和医药科学的不断进步，疾病的最优（不考虑成本的最优）治疗手段的个性化程度越来越高。以癌症为例，许多单抗类的新药都需要患者进行特定位点的基因检测，存在相应受体指征的患者，一些特定的药物可能比一般的标准药物有更好的临床收益。类似的情况在慢性病、罕见病等领域也非常多，这都对标准化的治疗行为带来了挑战。当患者不存在经济压力，或者说成本空间相对充裕的时候，是否能够有效地获得更优的救治，或者性价比更高的救治，则可能需要商业健康保险来回答。再充分考虑到我国的医药卫生发展地区的不均衡性的特点，这样的服务对于相对欠发达地区而言更为重要，一些有效的药物，如果不是商业保险公司进行提示和提供，当地的医疗从业者可能完全不知或者不去考虑（当然，充分富余的患者可以选择异地就医，但异地就医的难度在提高、成本和政策也在逐渐收紧）。总体来说，对于这部分健康需求，将会形成一端看成本、一端看疗效的尴尬境地。再加上任何人的健康成本空间都不是无穷的，这样的决策将变得更为复杂。此时，本报告建议商业健康险公司可以充分利用卫生经济学的工具，将 CEA/CBA 等分析应用到保险责任的设计和筛选中，尤其是对于中高端的保障产品，可以为其提供充分高的个性化服务，甚至可以考虑针对其健康和财务偏好进行单独个体的保障责任设计（这可能需要监管的一些沟通）。可以预见，商业健康保险公司在未来中高端未满足需求中的决策支持作用将会是最有价值的附加服务之一。

事件四 《医疗保障法》征求意见（国家医疗保障局关于《医疗保障法（征求意见稿）》公开征求意见的公告）

2021 年 6 月 16 日，国家医疗保障局研究起草了《医疗保障法（征求意见稿）》，并向社会公开征求意见。草案对我国医疗保障体系的结构、资金来源、服务目标、管理方式、权责约束和技术细节做了进一步明确。与

《中共中央 国务院关于深化医疗保障制度改革的意见》相对应，进一步推进了我国医疗保障体系改革的制度完善。草案中对前述热议的重点话题都有所提及，对于资金的来源和使用问题、地区的不均衡问题、市场的不完全问题、信息的不对称问题等均提出了相应的应对措施（或原则）。相关的制度约束和对一些商业行为的明确制约，也为更多的领域提供了新的市场机会。考虑到我国目前卫生领域的主要参与者医保端属于监管部门，人员结构和规模受到一定的制约；医院端作为医疗服务的提供者，其技术转型的成本和门槛也不容小觑；患者端则仍然相对离散，难以进行有效的深度开发。因此，商业健康险公司作为传统的关联三方的重要机构，还天生拥有着相当的技术能力和模型能力，很适合作为一些新的关键市场机会的承接主体。

本报告建议商业保险公司对草案中的如下意见进行关注。

第一，第七条鼓励各地根据自身经济发展水平和其他地区性因素进行多渠道筹资，丰富了医疗保障资金来源渠道的多样性。

资金来源渠道的放开一方面是对基金长期承压问题的解决方案，另一方面也是整个健康保障体系的市场化程度放开的信号。商业健康保险作为医保的补充，其自身就是有效的保障资金来源渠道。无论是通过委托管理、再保、比例共保等方式实现，都可以有效扩充整个保险体系的完成性和灵活性。更为重要的是，商业健康保险公司具有的金融属性，可以承担设计更复杂、更科学的筹资体系的重任。一些类似临床试验补贴、后付费制、预防性付费制等方式，都是能有效地在整个产业链上完成成本再分配的金融工具，也都可以用来丰富医疗保障资金来源渠道的多样性。商业健康险公司一方面可以考虑向医保提供相应的中介和技术支持服务，另一方面也可以在自身的产品中提前实现相应的技术，进而引导行业的良性发展。

第二，第八条对于产业链主体的行业规范要求可能催生第三方评价机构市场。

正如前文所述，患者本身的医学知识有限，在卫生市场中面临高度的信息不对称劣势。医院和药厂等服务提供方由于存在利益的驱动因素，（虽然大部分相关机构具有很高的道德水准）也很难彻底实现信息的对称与透明。医保局则身兼支付方和监管方两个角色，人力和身份上都受到一定程度的约束。因此，商业保险公司是很合适的第三方评价机构。事实上，西方国家的一些保险服务已经通过“用脚投票”的方式实现了从相对中立的角度对产业链主体进行公允评价的职责。这些服务清单中的机构、药品、干预措施都存在等级和效果的评估，消费者可以预先通过勾选清单来进行选择（进而决定其费率水平）。我国的商业保险机构也可以考虑类似的技术路线，或考虑直接进行公允的第三方评估方法建设，都对加速实现市场的有效性颇有裨益。

第三，第二十一条对商业健康保险的鼓励，对第二支柱的支持明显增加。

与深化改革的意见相同，我们前文讨论的社商协作在草案中得到了进一步明确。值得关注的是，草案对于以用人单位为主体进行购买的商业医疗保险予以了很高的重视，俗称第二支柱。这意味着商业保险公司在针对雇员企业整体开发团体险的时候，可以投入更多的精力和意愿。研究认为，基本社会保险向企业筹资给企业带来的经营成本压力是很显著的，而商业团险向企业筹资由于其筹资方式和服务方式的灵活性，压力的水平则显著降低。我国目前许多大型国企和大型机构，都保持着很高水平的企业补充医疗保险成本水平，但其服务质量和保障水平则与成本水平不相匹配。这不仅是受到企业自行管理相应保障的技术约束所限，甚至存在一些更进一步的合规风险。商业保险公司目前对此介入相对较浅，一般作为最终的风险承担人，在一些员工服务中介的撮合下完成风险的写入。这使得相应风险疏于管理的问题依然显著存在，业务结构中留存着巨大的管理收益空间。本报告建议健康险公司可以尝试考虑将企业自留或委托员工服务公司管理的自保健康基金（各种形式），以科学的形式纳入商业健康保险管理体系，通过提高资金的使用效率的方式获得管理收益。

第四，第二十三条对长期护理保险的建设要求进行了明确。

长期护理保险的潜在市场规模已被业界广泛认可，其经营过程中存在的标准不明确，成本收益不匹配，基础设施不健全等问题也都需要针对性的解决方案。草案对是否充分发展长期护理保险这一问题提出了明确的答案，并对建设过程进行了一定程度的刻画（相对粗糙）。对于商业保险公司而言，直接承担长期护理保险在经营与风险上都存在一定困难和需要解决的问题。从护理服务市场本身而言，其供求双方还都处在发展的初级阶段，需方对院外护理、居家护理的需求不明确，供方则依然由公共医疗资源的剩余资源构成。这使得该服务在长期视角下的成本、供应和服务模式均存在很高的不确定性。商业保险公司贸然承保，风险较大。另外，触发护理服务的标准、护理服务本身的标准和监督机制等问题，就像当年的重疾险一样，都尚待形成统一的行业标准。对这部分业务有兴趣的商业保险机构可以考虑在标准的设计和建立上进行一定程度的投入，但依然需要保持高度的政策敏感性和实施同步性。

第五，第四十七条要求建立全国统一的医疗保障信息系统，对数据和信息化的要求进行了明确；第五十一条授权医保行政部门运用信息技术展开实时监测，从系统中调取数据，开放了直接接口监测的机制。

从信息的管理规范中可以看出，医院本身的信息的规范化正在逐步提高，信息的可用性和流动性也在逐渐变好。虽然商业保险公司依然很难在现有的信息安全框架下使用医疗卫生领域的直接信息，但这样的变化依然可以启发相关机构作出一些有价值的尝试。一些以公共卫生管理、学术研究、政策支持为目的的工作可能会从更为规范的数据中得到有价值的信息，而这类信息很可能由于脱除了敏感性而可以被商业保险机构所使用。此外，医疗服务机构本身的信息化基础设施的完善，也为前几年落地受阻的直赔、预付、直通医保等问题带来解决的契机，商业保险公司的技术能力也可以更好地通过完善的基础设施传导到医疗服务的前台来。

总的来说，从规则框架和政策导向而言，我国的商业健康保险仍然处在良好的发展机遇环境中。商业健康险也应该抓住政策机遇，与社保形成良性互补，满足多样化的群体健康风险保障需求，充分发挥其在市场化和技术建设领域的优势，逐步建成合轨、科学、高效、充分的健康风险商业保险体系。保障责任的针对性、医疗费用控制的有效性和健康风险管理的整体性是值得关注的建设重点，也很有可能成为中长期内健康险企决胜的关键。

专题报告四
健康管理与互动式保单研究报告

一、健康管理概述

（一）健康管理在我国的发展历程

自 21 世纪以来，健康管理的概念逐步在我国兴起与发展。总体来看，健康管理在我国的发展历程可分为初期阶段（1997—2004 年）、摸索阶段（2005—2015 年）和发展阶段（2016 年至今），具体见表 1。

表 1　我国健康管理发展历程①

发展阶段	时间	发展内容
初期阶段	1997	中国第一家民营健康体检公司九华体检成立
	2004	爱康网成立，提出 360 度健康全管理的理念
摸索阶段	2005	健康管理师被列为卫生行业特有职业
	2007	中华医学会健康管理学分会成立；《中华健康管理学杂志》正式创刊

① 资料来源：公开资料整理。

（续表）

发展阶段	时间	发展内容
摸索阶段	2008	健康管理正式纳入国家现代医学创新体系
	2013	《关于促进健康管理服务业发展的若干意见》发布
发展阶段	2016	《“健康中国 2030”规划纲要》发布 鼓励个性化健康管理服务发展
	2017	《中国防治慢病中长期规划（2017—2025）》发布 提倡建立健康管理长效工作机制
	2019	《健康中国行动 2019—2030》发布 鼓励人工智能应用健康管理

由此，近年来健康管理的定位逐渐明确，且随着顶层设计方面的诸多支持，健康管理逐步融入到多行业、多领域发展，尤其是它与保险行业的高度契合性使得保险公司开始关注健康管理领域。当前，保险公司涉足健康管理领域基本有三种模式：投资成立专门的健康管理公司、与其他医疗卫生机构合作开展健康管理以及将健康管理与保险产品相结合形成“互动式保单”，这三种模式均体现了保险与健康管理服务相结合的发展趋势。此外，我国政府亦相应出台相关政策，一方面鼓励保险行业与健康管理的融合发展，另一方面也对保险业提供健康管理服务提出了严格的规范和监管要求。见表 2。

表 2 “保险 + 健康管理”的相关政策

时间	政策	“健康管理”相关内容
2018	《关于促进“互联网 + 医疗健康”发展的意见》	鼓励开展网上签约服务，为签约居民在线提供健康咨询、预约转诊、慢性病随访、健康管理、延伸处方等服务
2019	《健康保险管理办法》	将“健康管理服务与合作”以专章写入文件；鼓励保险公司可以将健康保险产品与健康管理服务相结合
2020	《关于促进社会服务领域商业保险发展的意见》	促进健康服务业发展：创新完善健康促进、疾病预防、慢病管理、妇幼保健等健康类服务，推动健康保险与健康管理融合发展
	《关于规范保险公司健康管理服务的通知》	规范保险公司健康管理服务行为，倡导保险公司切实提升专业化服务水平，促进商业健康保险稳健发展
	《互联网保险业务监管办法》	保险中介机构可发挥自身优势，建立完善相关保险领域数据库，创新数据应用，积极开展健康管理
	《保险机构健康管理服务指引》	对保险行业健康管理服务体系建设、能力和系统建设、人群划分、服务分类、服务方案设置、服务实施和要求等内容进行了规定

（二）健康管理的相关概念

1. 健康管理

健康管理，是指以现代健康概念（生理、心理和社会适应能力）和新的医学模式（生理—心理—社会）以及中医治未病[①]为指导，通过采用现代医学和现代管理学的理论、技术、方法和手段，对个体或群体整体健康

① 治未病：指采取相应的措施防止疾病的发生发展。中医治未病的主要思想包括：未病先防、既病防变以及病后防复。

状况及其影响健康的危险因素进行全面检测、评估、有效干预与连续跟踪服务的医学行为及过程[①]。简言之，健康管理是一种对个人或人群的健康危险因素进行全面管理的过程，其宗旨是有效地利用有限的资源来达到最大的健康效果。

保险公司提供的健康管理服务，是指对客户健康进行监测、分析和评估，对健康危险因素进行干预，控制疾病发生、发展，保持健康状态的行为，包括健康体检、健康咨询、健康促进、疾病预防、慢病管理、就医服务、康复护理等[②]。

2. 互动式保单

互动式保单，中国学界和业界目前尚无较为统一的定义。美国的恒康人寿（John Hancock）对于互动式保单的理解为“基于可穿戴设备的”“与健康数据行为相关联的”保险产品；国内的部分保险公司或健康管理公司纷纷宣布自己的上线产品为“国内首个互动式保单”，却均未给出“互动式保单”的含义，但观察其产品的组成结构，均是“保险 + 健康管理”的形态。可见，“互动式保单”即是将保险与健康管理深度结合，在产品与用户间形成长期有效互动，依托对于健康数据的分析和处理，变被动的保险理赔为主动的健康干预，提供健康评测、保险保障、行为干预、医疗服务等一体化的健康风险管理与保障闭环。

① 定义来源：《健康管理概念与学科体系的中国专家初步共识》，中华医学会健康管理学分会、中华健康管理学杂志编委会，2009 年。

② 定义来源：《关于规范保险公司健康管理服务的通知》，银保监办发〔2020〕83 号。

二、健康管理在我国的现状分析

（一）健康管理服务的需求侧分析

1. 人口老龄化

“七普”数据显示，2020年，我国65周岁以上老龄人口达1.91亿人，占总人口的13.50%，标志着我国即将从老龄化社会正式步入老龄社会[①]。有预测显示，我国65周岁以上人口占总人口比重将于2035年达到22.30%，于2050年达到27.90%[②]，老龄化趋势明显。老龄人口压力的日益加剧，为解决老龄健康问题带来巨大挑战，但也在一定程度上带来了健康管理需求的增长：老龄群体更加关注身体健康，年轻群体也显著提高了健康管理意识。

2. 慢性病

目前，我国以心脑血管疾病、癌症、慢性呼吸系统疾病、糖尿病这四类疾病为代表的慢性非传染性疾病导致的死亡人数占总死亡人数的88%，导致的疾病负担占总疾病负担的70%以上[③]。与此同时，我国现有确诊的慢性病患者近3亿人，已经成为我国城乡居民死亡的主要原因[④]。慢性病

① 注：根据国际标准，一国或地区65周岁及以上老年人口占总人口比重超过7%时，其便进入了老龄化社会，而当这一指标达到14%时，便进入了老龄社会。

② 数据来源：《中国发展报告2020：中国人口老龄化的发展趋势和政策》，中国发展基金会，2020年。

③ 数据来源：《健康中国行动（2019—2030年）》，健康中国行动推进委员会，2019年。

④ 数据来源：《健康管理蓝皮书：中国健康管理与健康产业发展报告（2019）》，中关村新智源健康管理研究院、中南大学健康管理研究中心，2019年。

具有非传染性、起病隐匿、病程长且病情迁延不愈、部分疾病发展到后期可严重影响生活质量或危及生命的特点。因而，对于慢性病患者或潜在人群及早介入健康管理是十分必要的，健康管理能够帮助其促进健康、延缓病程、减少并发症、延长健康余命等。随着人们对于慢性病防治关注的提高，健康管理的需求亦在同步提升。

3. 健康需求

随着生活水平的提升和健康观念的转变，近年来人们对健康的关注与投资程度不断提高，我国商业健康险市场也随之蓬勃发展，具体见图 1。十年间，健康险原保费收入从 692 亿元跃升至 8173 亿元，年均复合增长率高达 28%，在整体原保险保费收入中的占比也从 5% 攀升至 18%。

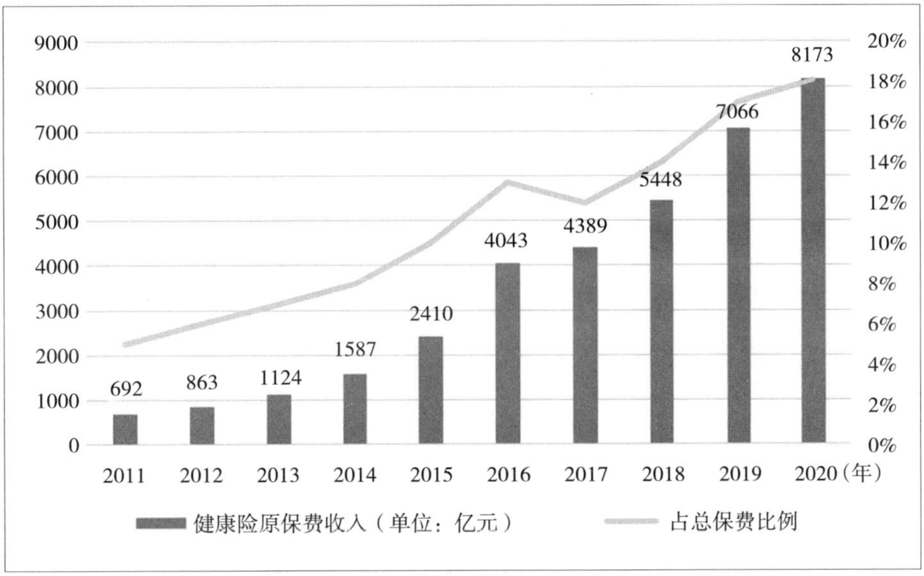

图 1　2011—2020 年中国健康险原保费收入情况

健康险的迅猛发展反映了人们健康意识的提升，但人们的健康需求不仅限于健康险，其更加关注的是对自身健康状况的改善，而健康管理便很好地契合了这一需求。可以预见的是，健康行业未来市场广阔，保险与健康管理相结合而形成的“互动式保单”在未来也将成为人们的主流选择。

（二）健康管理服务的供给侧分析

1. 各公司所提供的健康管理服务

据爱选科技不完全统计，2020 年共有 79 家保险公司在官网上明确提到了健康管理服务，具体见图 2。

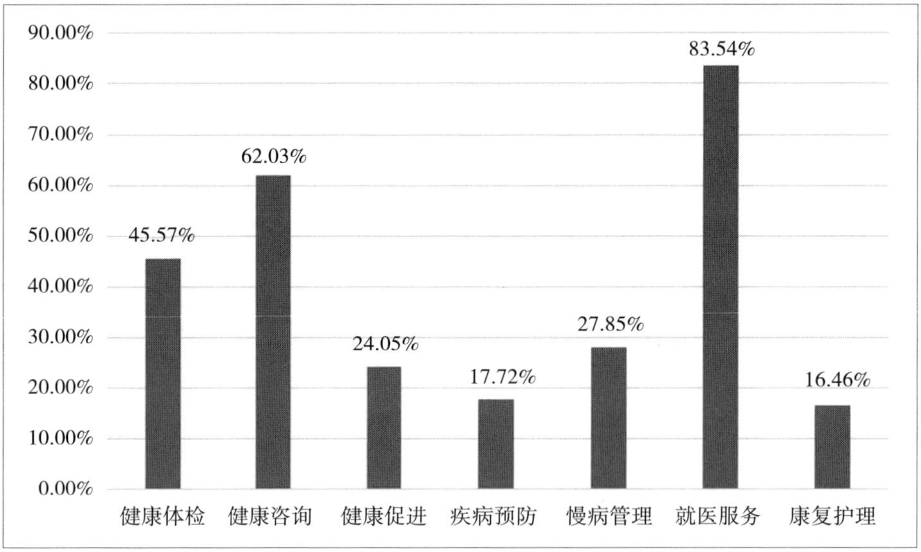

图 2　保险公司提供的健康管理服务统计[①]

① 数据来源：各保险公司官网。

其中，提供最多的健康管理服务是“就医服务”，占比超过 80%；超过一半的保险公司会提供“健康咨询”；而“疾病预防”和“康复护理”则相对较少，分别只占到 17.72% 和 16.46%。可以看出，目前保险公司提供的健康管理服务仍然集中在疾病发生后的就医服务，对于疾病预防、健康促进等前端服务仍投入不足。

2. 我国健康管理发展中的问题

（1）结合度较低，服务质量有待提升

目前，我国保险参与健康管理的最常见形式仍然是在健康险中提供一些基础的健康增值服务，保险和健康管理的结合度不高，真正的“互动式保单”并不多见，由此导致了健康管理在用户中的参与度较低，健康管理的作用并未体现，对用户健康效用的提升更是微乎其微。以多家保险公司在产品端附加的“重疾绿通”服务为例，受制于只能在患病后才能使用该服务，其使用率往往很低且使用时间也十分滞后。此外，大部分“保险 + 健康管理”都集中在病后诊疗、用药的服务，并未触及病前客户的健康状况，无法起到较好的“防未病”作用。服务质量有待提升。

如今，一些保险公司尝试与国外健康险公司合作，共同推出健康服务计划。但如何将这样的形式加以推广便成为进一步需要解决的问题之一。简言之，目前“保险 + 健康管理”市场仍缺乏能真正满足用户需求的健康管理服务。所谓的增值服务却并未让消费者看到其价值所在。久之，如果不能提升服务的实用性，健康服务只会成为包装产品的空壳，并直接影响保险消费者对于产品的满意度。

（2）交互性较差，缺乏长期健康互动

由前文述，除病后的就医服务外，多数保险公司提供的健康管理服务为健康咨询、健康体检等，对于客户的实时健康状况缺乏清晰认知，也无法培养客户的健康管理意识。而“无交流、零互动”的健康服务保质期很短，客户难以从中获得优质体验并提升健康水平，亦无法为保险公司带来额外效益。

这样的困境主要源于三方面：一是，多数公司对健康险仍是传统营销思维，并未真正认同健康管理可以达到的服务效果，只是跟随政策和行业的趋势，而非触及本质；二是，长期的健康管理需要多方合作、协调发展，并非仅靠保险公司即能完成，但这样的模式又存在诸多挑战，对于最终的效果更难以把握；三是，当前我国居民的生活水平虽然有了显著提升，但个人健康意识仍有待提高，这也为保险公司的互动式服务提出了难题。

（3）未能形成保险行业的健康生态圈

尽管我国各家保险公司在提供健康管理服务时积极引进国际先进经验，但当前其与医疗卫生机构、信息科技公司等平台间难以形成持续的健康生态圈。各保险公司间、保险公司与医疗卫生机构间均存在信息壁垒。目前，保险公司推出的“产品＋服务”模式大多仍停留在主打“产品”层面，并未将健康管理作为未来的可持续发展方向。可以说，在公司运营层面，健康管理服务尚未真正形成多平台共赢、互惠互利的局面。

然而，若想形成持续、高效的生态圈则必须实现多平台共同协作。所以，打破传统的保险运营模式是未来健康险发展的必由之路。同时，健康生态圈的建立也有赖于人工智能、大数据等新时代科技发展的助力。因此，保险行业在健康管理领域的进一步拓展离不开科技的支持。

三、互动式保单的运行逻辑与国际经验

（一）互动式保单的内部逻辑

由前文述，“互动式保单”的实质是保险与健康管理的深度结合。其业务特点已不再只局限于“保险公司提供保险产品，健康管理机构提供健康管理服务”的简单形式，而是将此种合作向纵深推进，依托健康创造和挖掘更多价值。

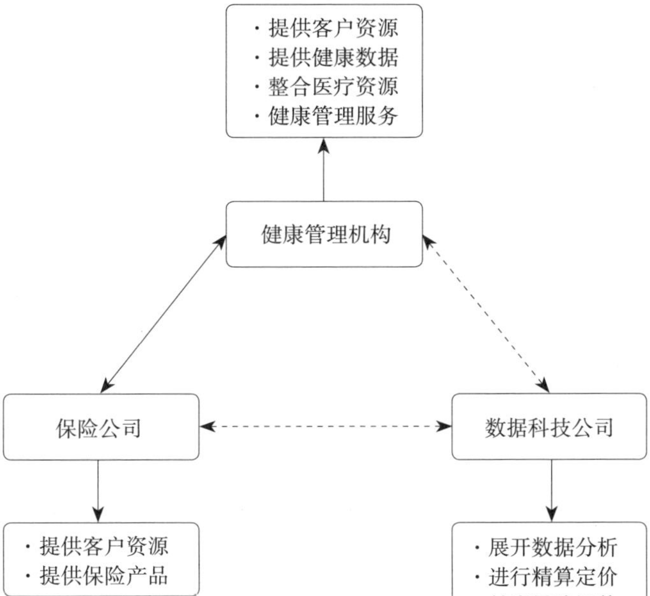

图 3 “保险 + 健康管理”合作模式

由图 3，保险公司和健康管理机构均具备自有客户群，其达成合作后可以实现客户共享。并且，其将合作关系拓宽到数据层面，数据是产品与服务深度结合的关键纽带。由健康管理机构提供健康数据，保险公司则对数据进行分析，建立精算预测模型，展开定价和风险评估，进一步辅助核保风控。上述职能亦可由专业的数据科技公司完成，包括医疗科技公司、保险科技公司、精算科技公司等，其团队一般由医疗、保险、精算、数字科学领域的专业人才组成，更为精于数据分析和处理。这一纵深推进成为互动式保单的内部逻辑，其将达成图 4 的效果。

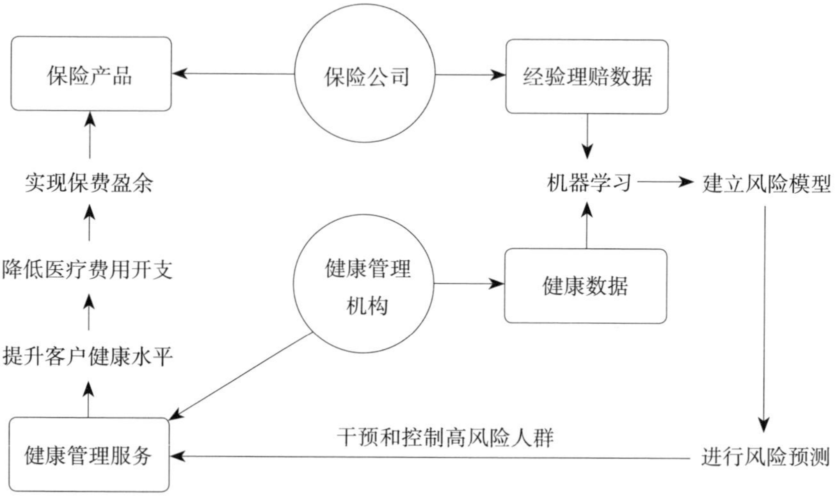

图 4　互动式保单的内部逻辑

保险公司和健康管理机构双方展开合作，同时向消费者提供保险产品与健康管理服务，由此形成“互动式保单”。保险公司的经验理赔数据与健康管理机构的健康数据用于机器学习，以建立风险模型、进行风险预测，在此过程中优化、评估、迭代健康风险，识别出高风险人群，对高风险人群进行主动干预（即健康管理服务），由此提升客户整体健康水平，降低医疗费用开支，实现保费盈余、反哺产品，最终实现了“产品—服务—产品”的健康保障服务闭环。在此过程中，客户提升了健康水平，保险公司完成展业、获取健康数据、实现保费盈余，健康管理机构依托数据分析技术更好实现了精准干预、达到客户预期，市场中的多方主体均从中获益，这便使得“互动式保单”模式成为行业发展的必经之路。

（二）互动式保单的国际经验

20世纪50年代末，美国第一个提出了健康管理的概念[①]。20世纪90年代，美国健康险的经营模式完成了由传统的费用报销型向管理式医疗融入保险的转型，实现了健康险与健康管理深度结合的“互动式保单”商业模式，为各国健康险发展提供了新的思路与经验。具体而言，一是注重细分客群，有针对性地提供健康管理；二是闭环式运营，以数据为纽带、以创新技术为关键进行主动干预和评估反馈，打造“互动式保单”闭环；三是形成健康生态圈，保险资本积极入股、并购、自建医疗机构或科技公司等，或与之展开数据层面的深度合作。

案例一　UnitedHealth的“Optum健康管理产业链”经营模式

联合健康集团（UnitedHealth Group）成立于1974年，是美国最大的多元化健康和福利公司，通过旗下六家公司在全美乃至世界运营。其中，

① 注：当时被称为“Managed Care”。

联合健康的主要部分为健康保险业务（United Healthcare）和健康管理产业链（Optum）两个板块。

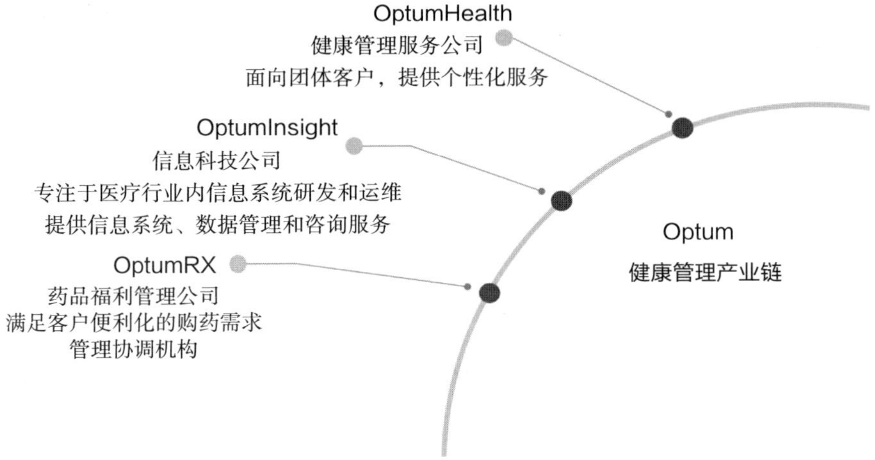

图 5　UnitedHealth 的 Optum 健康管理产业链①

由图 5，联合健康“Optum 健康管理产业链”的运作模式在被保险人、保险机构和医疗卫生机构之间形成了一个闭环服务。同时，专门的健康管理公司、信息科技公司、药品服务公司等多平台合作为保险产品中的健康服务提供了坚实的保障。

联合健康旗下的健康管理品牌（Optum）在健康管理、系统建设和药品服务领域的专业化发展为联合健康旗下保险公司的发展起到了巨大的推进作用。Optum 不仅可以提升保险公司服务能力，成为保险公司的业务助推器，还可以协助保险公司加强医疗行为监控，有效降低赔付成本，成为保险主业的风险助控器。

① 资料来源：互联网公开资料整理。

案例二　John Hancock 的“活力健康保险计划”经营模式

恒康保险（John Hancock）成立于 1862 年，是美国十大人寿保险公司之一。作为美国首家基于健康行为的寿险公司，其一直致力于在保险设计中加入健康管理，从根本上关注客户的健康状况。

2018 年，恒康保险宣布将停止承保传统人寿保险，只销售通过可穿戴设备和智能手机追踪健身和健康数据的“互动式保单”。具体而言，恒康保险的 Vitality“活力健康保险计划”将为被保险人提供两个选择：Vitality Go 和 Vitality Plus。

图 6　Vitality“活力健康保险计划”模式[①]

Vitality 实时评估个人风险因素，通过应用程序记录客户的生活行为数据，同时提供健康咨询、锻炼指导等配套服务，以此创造优质客户。同时，可穿戴设备的引入可以鼓励人们参与健康促进和疾病预防，并根据收集的健康数据得到保费折扣和保额调整。这种“互动式保单”不仅可以扩大可保对象、解决风控难题，更有利于推动保险公司提供精准保障、提升服务质量，有效改善被保险人健康水平，真正在保险公司和客户之间实现双赢。

① 资料来源：互联网公开资料整理。

四、互动式保单的思考

（一）互动式保单的发展方向

1. 完善服务内容，提升服务质量

由前文述，“互动式保单”在于保险与健康管理的深度结合，而当前我国健康管理的发展尚未成熟，服务供给水平较低，未能与保险相适配。因而，需要完善服务内容，提升服务质量。

首先，健康管理的侧重点应在于抓住用户的健康需求痛点，提供能够真实提升客户健康水平的服务内容，而非流于形式多样。其次，加强风险分级管理，向不同健康水平的客户提供个性化、差异化乃至定制化的保险与健康管理服务，有助于有针对性地提升客户健康水平。最后，打造系统化的健康管理服务体系，依托大数据、人工智能等将健康管理前置化，不局限于病中、病后的服务，使其覆盖疾病全周期，乃至参与客户全生命周期的管理。

未来，健康管理的发展需要真正提供实用性强的服务内容，让消费者感受到其价值将是“互动式保单”模式发展的第一要义。

2. 长期互动融入全流程健康管理

由前文述，我国健康管理的交互性较差，产品与服务相分离，没有形成真正的“互动式保单”，由此进一步导致了健康管理的参与度低、完成度更低，因而只有形成长期有效的互动机制才能解决这一问题。

首先，保险公司提供的健康管理服务应与保险产品紧密挂钩，其应对健康管理服务进行详尽说明并根据客户的风险等级适配相应的健康管理服务。其次，在健康管理中设置全周期的互动机制，实时开展风险评估与监测，及时了解客户健康问题与需求，有针对性地提供健康方案。再次，健康管理服务中可以加入游戏化运营、社群小组分享等互动机制，让用户在良性竞争和趣味体验中培养健康生活习惯。最后，健康管理服务可以利用评估和反馈机制让参与用户了解到自身健康水平的提升。

总之，长期有效的互动将有助于健康管理服务质量的提升，进而降低被保险人疾病发生率，实现共赢。

3. 科技赋能保险行业健康管理

当前，我国保险行业正处于积极的转型期，多项政策鼓励科技赋能保险产业。人工智能、大数据、可穿戴设备、区块链与物联网等高新技术逐渐渗透到保险的各个业务流程。可以说，“保险＋科技”是当下突破传统保险弊病的必由之路，也是未来发展的大趋势。而在健康管理领域，科技可以将健康管理从保险的末端增值服务贯穿至全业务流程，扩展健康管理服务空间，使得服务路径更加通畅。

科技的引入将极大帮助到保险公司对于客户健康数据的积累和分析。这不仅可以使客户更好地了解自身健康风险水平，更可以应用到保险产品的个性化开发。国外的互动式保单可以做到实时跟踪客户健康情况，并上传到客户的健康账户。未来，保险公司可与医疗机构合作针对健康数据定期分析并反馈风险状况，用以调整费率和进行个性化风险防控。

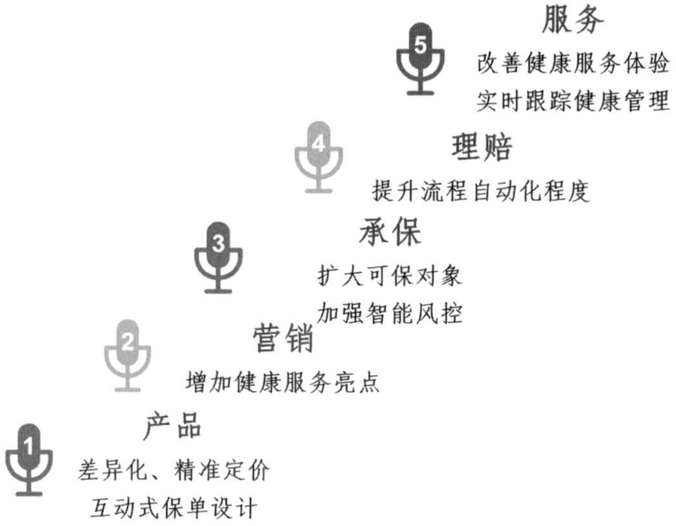

图 7　科技赋能健康管理全流程参与保险业务[①]

4. 细分客户群体，提供个性化服务

细分客群是近年来保险行业所注重的创新方向。2020 年 12 月 28 日，中国保险行业协会联合中国健康管理协会在京正式发布《保险机构健康管理服务指引》（本节内简称《指引》）。《指引》指出，“保险机构以产品、业务类型、保费、保额或者客户的年龄、性别等确定服务覆盖的人群后，应根据客户动态的健康风险状况、有无重病前症，选择为风险分类的客户提供有针对性的健康管理服务，切实提升健康管理服务的有效性”，即要求保险公司在提供健康管理服务时应注重细分客户群体，提供个性化服务。

① 资料来源：互联网公开资料整理。

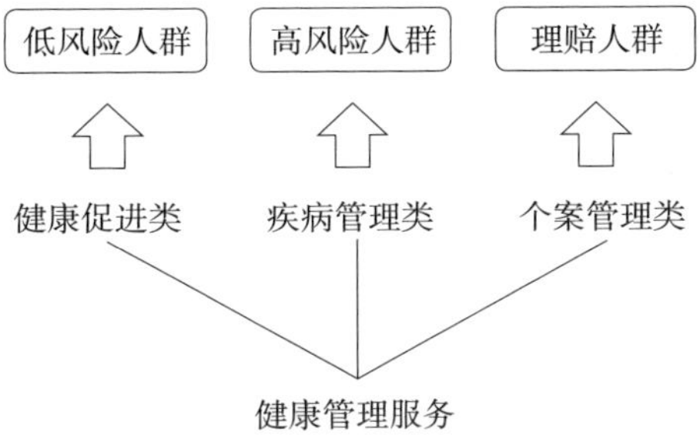

图 8　健康管理服务细分客群方案设置①

同时,《指引》着重提及健康管理服务方案。《指引》表明，为了提高客户健康水平，降低重病和高额医疗事件发生，保险机构可以为疾病保险、医疗保险等不同的保险客户提供健康管理服务的个性化方案。由此，细分客群成为必然趋势。

未来，对于不同客户群体的精细化区分将成为互动式保单发展的必经之路。随着服务水平的进一步提升，健康管理将推动保险行业新生态稳定持续发展。

（二）互动式保单的积极探索

1. 苞米新生活

“苞米新生活”是爱选科技推出的一款基于世界卫生组织慢性病三级预防理论，结合医疗大数据，以“社群 + 工具 + 专家”的管理模式，为有健康困扰、想要预防或管理慢病的客户提供的针对性健康生活方式管理计划。

① 资料来源:《保险机构健康管理服务指引 第 1 部分：总则》第 7.3 条“针对性的服务”。

与传统的“保险 + 健康管理”相比，“苞米新生活”主要涵盖了以下四个突出优势。

（1）全流程闭环服务，完善客户体验

和传统的“保险 + 健康管理”不同，“苞米新生活”提供的是一种更高频、长期的全周期保障。一般而言，客户购买传统健康险后，只在出险时接受一次性服务。而“苞米新生活”为客户提供从风险早筛、日常监督，到专项检查、硬件支持的完整保障。此类高频率服务可以极大提升客户黏性，加深品牌形象塑造。并且，“苞米新生活”覆盖事前管理、事中检查、硬件支持和事后管理的全流程，其不仅重视对于疾病的控制，更重视对于预防力量的利用，形成了服务闭环。

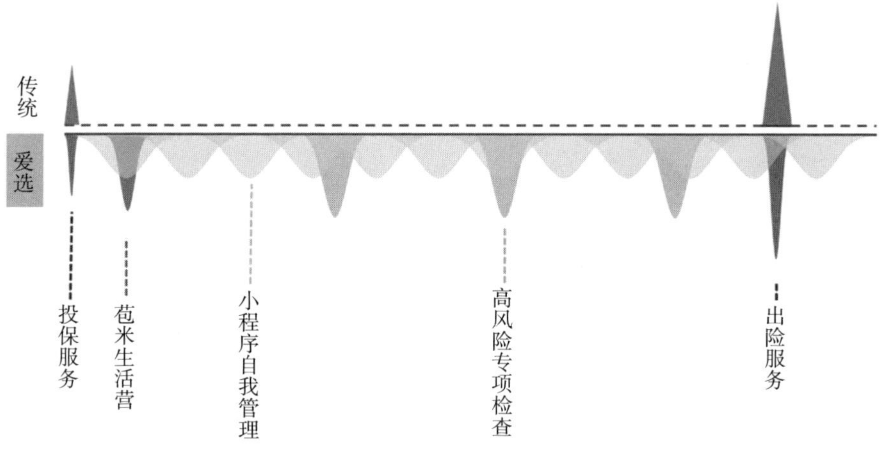

图 9 “苞米新生活”vs 传统“保险 + 健康管理”服务

被保险人投保之后，将被邀请参加“苞米生活营”，展开为期 21 天的健康管理训练。同时，“苞米新生活”还配备了微信小程序供用户进行自我健康管理。其中，客户可以利用小程序和社群服务在“苞米生活营”中享受到很多个性化、全方位的健康指导。

01 **社群小组** 群友相互分享健康生活方式，彼此激励

02 **个性化食谱** 针对基本身体数据，推送个性化膳食方案

03 **个性化步数** 根据身体素质和个人需求，灵活调整锻炼计划

04 **健康科普** 通过“每日一读”，传递科学健康知识，培养良好生活习惯

05 **健康数据记录** 对客户身高、体重、血压、血糖、活动值等身体数据进行记录

图 10 “苞米生活营”功能

由此，“苞米新生活”创造了全流程的闭环服务，不仅让客户对于自身健康有较为清楚的认知，也有助于其培养积极的生活方式，逐步提升自身健康水平。

（2）细分客群，加强风险分级管理

客户投保后，爱选健康平台将获取身体情况等基本信息，为客户设置专属健康档案，并进行健康风险分级，分为低、中、高风险，不同风险客户匹配不同健康管理方案，鼓励客户达成降低风险的健康目标，在客户完成阶段方案后，根据该段时间更新的各项指标，完善健康档案，进行新一轮风险评级，再次匹配合适的健康管理方案。

具体而言，这样的分级管理将为不同风险的客户提供个性化方案：针对低风险人群主要建议采用一般生活方式管理，在疾病风险出现之前，采取预防性措施，进行健康教育，从根本上预防潜在疾病风险；对于中风险

人群则通过代谢疾病管理计划进行健康干预，延缓疾病进程；而对于极有可能患病的高风险人群，将通过专项体检和硬件辅助的方式，在疾病的临床早期做好早期发现、早期诊断、早期治疗的“三早”预防工作，控制疾病发展和恶化。

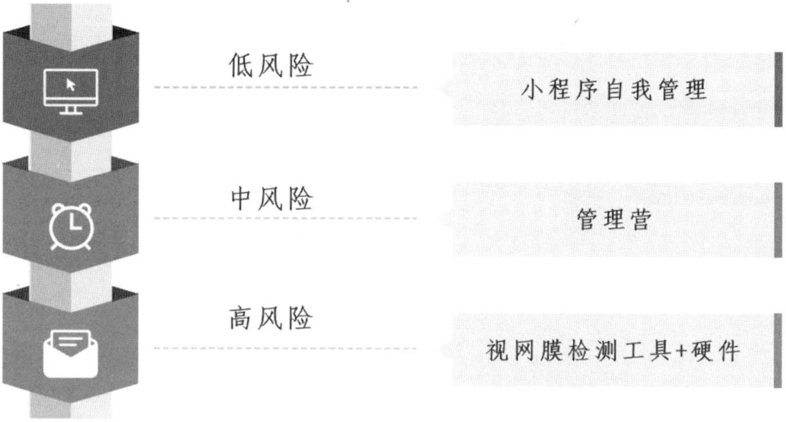

图 11 “苞米新生活”风险分级管理

由此，“苞米新生活”对客群进行细分，加强风险分级管理。客户将享受到个性化的健康管理方案，准确匹配其健康风险状况，进而稳步提升健康水平。

（3）保险科技赋能健康管理

在全新升级的“苞米新生活”中还将推出“爱选年龄”这一新板块，利用科技辅助客户判断其健康状况。具体而言，爱选年龄会根据 10 年随访数据（运动、睡眠、营养、心理健康行为等）得到 26 万行为健康数据；并基于心率、血压、血糖、体重、体温等众多体检数据指标，对于 56 种风险因子所对应的 62 类致死病因进行系统分析，再结合国内外模型进行校准优化，最终得到预期寿命。关于“爱选年龄”，我们将在后文展开详述。

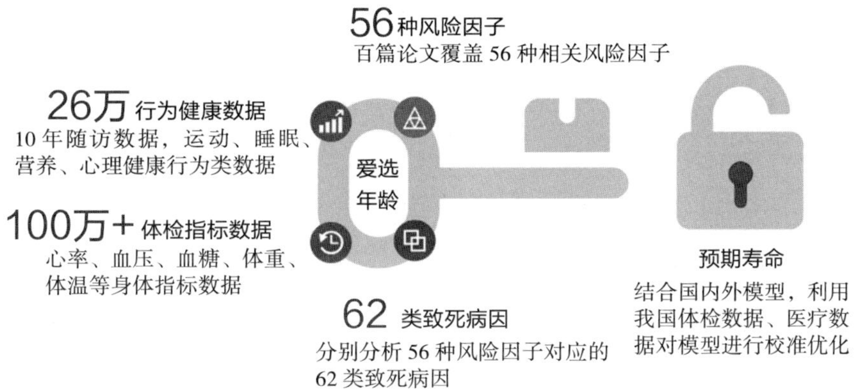

图 12 “爱选年龄”研发背景

实际应用当中，“爱选年龄”的测算过程十分方便。客户受邀参与“苞米新生活”后通过体检报告、行为数据记录和健康评估问卷的数据反馈即可得出爱选年龄的权威评测。在结束了21天的生活营后，将再次对客户进行“爱选年龄”的测算以判断这段时间健康管理服务的效果。同时，“爱选年龄”也将有效地助力智能核保的顺利进行，可迅速实现非标体、优选体和特定人群的风险定义。

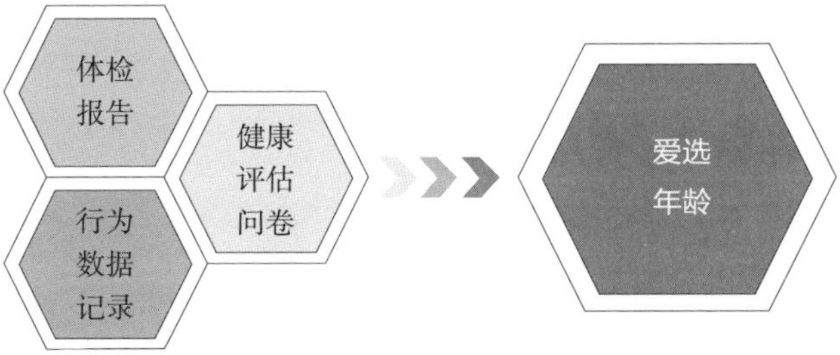

图 13 “爱选年龄”测算流程

让科技赋能保险一直是爱选科技的主要发展方向。将科技创新性融合到健康管理中不仅可以提升对于健康数据的处理能力，还可以给予客户更好的服务体验，并在很大程度上助力了其健康水平的提升。

（4）互动性强，服务效果显著

“苞米新生活”打破了传统模式下互动率低、服务质量差的弊病，积极打造与用户全流程、多层次的沟通交流机制。“苞米生活营”不仅涵盖了专业健康管理师指导、科学健康知识等健康管理“硬货”，还在社群小组中引入了很多互动机制，让客户在相互监督、良性竞争、寓教于乐的环境中增强参与感，并最终提升健康水平。例如，客户可以参与群内定期推出的个人或团队争霸赛，通过分享健康生活饮食、健康运动方式等行为获取相应的奖励。而健康管理师也会对客户的饮食进行一对一指导点评：对优秀饮食进行分析、鼓励；对不合理膳食提出意见、指导，充分调动客户的积极性。

与传统模式相比，“苞米新生活”更加注重与客户的全方位交流，力争提供最为完善的服务，让客户在游戏化运行的模式下获得充足的体验感和参与感。而这样贯穿全流程的互动模式也取得了良好的服务效果。

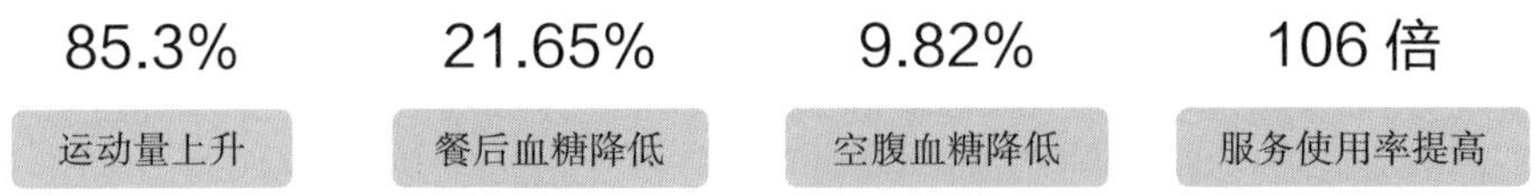

图 14 “苞米新生活”实际效果

调研结果显示，“苞米新生活”客户的运动量从健康管理服务第一天的平均 4533 步提升至 8041 步，提升 85.3%。此外，通过 21 天生活习惯的改善，客户餐后血糖由平均 8.22 降到 6.44，下降 21.65%；空腹血糖由平均 6.3 降到 5.63，下降 9.82%。与此同时，相比于绿通 0.1% 的预约率，“苞米新生活”达到了 10.6% 的预约率，是传统服务形式的 106 倍。

作为面向客户的健康管理服务，如何提升服务质量、吸引更多的用户主动参与，形成“互动式保单”，而不仅仅把健康管理作为营销噱头一直是保险行业亟须突破的地方。增强与用户的互动频率、提升用户的参与感或许是提高服务使用率、改善服务效果的第一步。

综上所述，不难看出，“苞米新生活”为客户提供一整套的全流程闭环服务。其中，客户将通过风险分级和健康引导获得多层次的健康管理。这样不但可以给予用户良好的参与感和体验感，更能让其感受到健康管理的作用。

图 15 “苞米新生活”形成的“互动式保单”整体运作模式

与此同时，这也将为保险业的“互动式保单”的发展带来很多新思路。比如，通过“苞米新生活”可以更加准确地了解客户的健康风险，并通过积极的健康服务来有效地降低其出险概率，实现保险公司和客户之间的双赢。

2.“爱选年龄”①

(1)“爱选年龄”的概念

目前，许多保险公司尝试根据个体健康状况提供定制化且可灵活调整的健康管理服务。然而，现阶段仍缺乏一个普遍适用的、量化的风险评估方式，使得保险公司难以精准、快速地评估个体的健康状况，这阻碍了定制化健康管理服务的推广。

在此背景下，爱选科技与北京大学经济学院的研究团队提出了一种新的风险评估指标——“爱选年龄”。首先，团队识别了影响健康状况的多个风险因子，并针对每个因子设计了对应的测度方式；其次，根据预定义的风险测量方式评估每个风险因子的风险状况，并测算对应的个体预期寿命；最后，将个体的预期寿命与具有相同性别、年龄的同类型个体的平均预期寿命进行比较，即可得到“爱选年龄”。其表示形式为：“爱选年龄 = 实际年龄 + 群体平均预期寿命 - 个体预期寿命”。

直观来看，如果“爱选年龄”低于实际年龄，说明个体比同类型的平均人群有更长的预期寿命，即个体的健康状况优于同类型人群的平均水平；反之亦然。

“爱选年龄”构建在 10 个核心健康风险因子上，可用于评估个体的综合健康状况。爱选科技致力于解决缺乏量化的健康风险评估方式这一健康管理领域的痛点，便于保险公司以及用户个体更好地进行定制化健康管理。对保险公司而言，“爱选年龄”能帮助公司进行更细致的健康分级

---

① 关于“爱选年龄”的更多详细内容，请查看 2021 年 4 月 17 日于中国保险精算发展论坛上发布的《爱选年龄研究报告》。关注“爱选科技”公众号，可在后台获取报告全文。

和更精准的核保风控，提升公司在健康险领域风控能力。对用户个体而言，“爱选年龄”有助于用户更直观地了解自身健康状况及影响自身健康的主要风险因子状况，从而帮助用户有针对性地改善生活习惯、提升健康水平。

（2）“爱选年龄”与互动式保单

“爱选年龄”作为一个量化指标，可以清晰地展现个人健康风险，从而为个性化、精准化健康管理方案的推荐提供依据，并服务于互动式保单的运营。目前，“爱选年龄”已应用在爱选科技推出的“苞米新生活”中。

“爱选年龄”会在用户完成一周期的“苞米新生活”健康管理后，再次更新，如更新结果较使用前有所降低，“苞米新生活”服务将为用户提供相应的奖励（如实物、保单优惠折扣等），鼓励用户继续关注健康风险，改善健康状态。

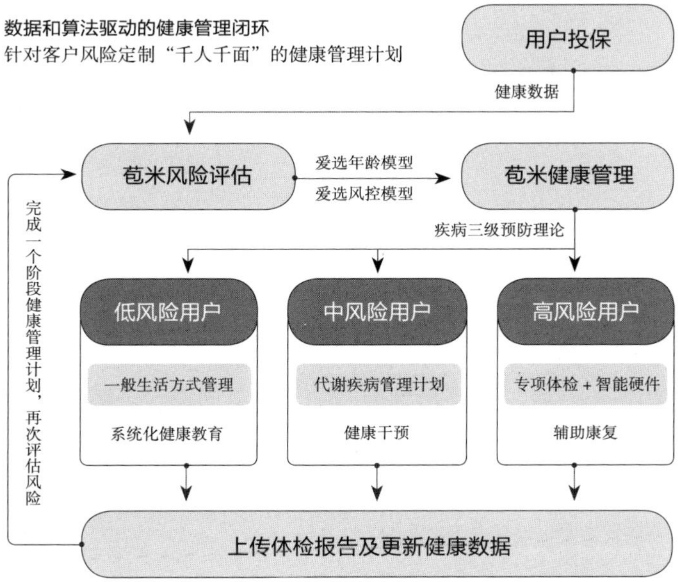

图 16 “爱选年龄”应用及健康管理闭环示意图

专题报告五
重疾定义与新发生率研究报告

2007年，中国保险行业协会（以下简称“中保协”）与中国医师协会（以下简称“中医协”）合作出台了我国第一个重大疾病保险产品的行业规范性操作指南——《重大疾病保险的疾病定义使用规范》（以下简称2007版《规范》），统一了重疾险产品中最常见的25种疾病的定义，实现了重疾险的规范化，大大推动了重疾险市场的发展。

经过13年的实践，2020年6月1日，中保协与中医协再次联合发布《重大疾病保险的疾病定义使用规范修订版（公开征求意见稿）》（以下简称“公开征求意见稿”），面向社会公开征求意见。其最终版本《重大疾病保险的疾病定义使用规范（2020年修订版）》（以下简称2020版《规范》）于同年11月5日正式出台。同日，中国精算师协会（以下简称“中精协”）发布了《中国人身保险业重大疾病经验发生率表（2020）》（以下简称新版《重疾表》）。

无论是2020版《规范》的出台，还是新版《重疾表》的发布，都无疑对行业重疾险产品设计与开发具有重要意义。我们将在本专题报告着重对新重疾定义及发生率进行分析解读。

一、重疾新定义解读

（一）2020 版《规范》与 2007 版《规范》的差异

本次对《规范》的修订与现行实践相结合，将重疾保险产品中的规范定义统一进行完善和修订，反映了现代医学技术与标准的变化，为消费者的利益提供更全面的保障。从 2007 版《规范》至 2020 版《规范》，最大的变化莫过于从“25”到“28+3”的更新，但这两版《规范》的区别不仅限于此。本专题报告将 2007 版《规范》至 2020 版《规范》变化的重点提炼如下：

1. 优化分类，建立重大疾病分级体系

2020 版《规范》将“TNM 分期为 I 期或更轻分期的甲状腺癌”从“恶性肿瘤——重度”中剔除，放到“恶性肿瘤——轻度”，是将癌症根据疾病严重程度进行了分级，并按照轻重程度进行分级赔付，轻症赔付比例为 30%。这是我国疾病定义在分级体系上的一次尝试，为未来重疾分级给付奠定了基础。

甲状腺癌如何分级，如何进行分级给付，取决于罹患甲状腺癌的类型。甲状腺癌症中大约有 5% 的情况仍属于重症，依然能获得 100% 赔付，但如果是轻症，则最多能获得 30% 的保险金额。表面看来，就甲状腺癌这一种疾病而言，保险公司承担的保障责任减轻了，但相应的，消费者为此承担的成本也减少了。

实行科学分级，一方面充分适应医学诊疗技术发展，将部分过去属于重症疾病，但目前诊疗费用较低、预后良好的疾病明确为轻症疾病，使赔付标准更加科学合理；另一方面也适应重大疾病保险市场发展实际，对目前市场较为普遍的轻症疾病制定了明确的行业标准，规范市场行为。

2. 增加病种数量，适度扩展保障范围

2020 版《规范》与 2007 版《规范》相比，最直观的变化是重症从 25 种扩展到 28 种，以及增加了 3 种轻症。具体地说，其在 2007 版《规范》的基础上适度扩展保障范围，新增了“严重慢性呼吸衰竭”“严重克罗恩病”“严重溃疡性结肠炎”3 种重症，以及“恶性肿瘤——轻度”“较轻急性心肌梗死”“轻度脑中风后遗症”3 种轻症。这是《规范》首次引入“轻度疾病”的定义，一定程度上标志着行业协会层面对于疾病分类的优化体系的建立，是适应重疾险市场发展实际的举措，对目前市场较为普遍的轻症疾病制定明确的行业标准，有利于规范市场行为。

3. 规范病种名称，契合医学最新进展

2020 版《规范》中对 2007 版《规范》要求的 25 种标准重疾名称也进一步规范。具体病种名称的变化见下表。

表 1　疾病名称对比

2007 版《规范》	2020 版《规范》
4.1 恶性肿瘤——不包括部分早期恶性肿瘤	4.1〔恶性肿瘤——重度〕——不包括部分早期恶性肿瘤
4.2 急性心肌梗塞	4.2 较重急性心肌梗死
4.3 脑中风后遗症——永久性的功能障碍	4.3 严重脑中风后遗症——永久性的功能障碍

（续表）

2007 版《规范》	2020 版《规范》
4.4 重大器官移植术或造血干细胞移植术——须异体移植手术	4.4 重大器官移植术或造血干细胞移植术——重大器官须异体移植手术
4.5 冠状动脉搭桥术（或称冠状动脉旁路移植术）——须开胸手术	4.5 冠状动脉搭桥术（或称冠状动脉旁路移植术）——须切开心包手术
4.6 终末期肾病（或称慢性肾功能衰竭尿毒症期）——须透析治疗或肾脏移植手术	4.6 严重慢性肾衰竭——须规律透析治疗
4.7 多个肢体缺失——完全性断离	4.7 多个肢体缺失——完全性断离
4.8 急性或亚急性重症肝炎	4.8 急性重症肝炎或亚急性重症肝炎
4.9 良性脑肿瘤——须开颅手术或放射治疗	4.9 严重非恶性颅内肿瘤——须开颅手术或放射治疗
4.10 慢性肝功能衰竭失代偿期——不包括酗酒或药物滥用所致	4.10 严重慢性肝衰竭——不包括酗酒或药物滥用所致
4.11 脑炎后遗症或脑膜炎后遗症——永久性的功能障碍	4.11 严重脑炎后遗症或严重脑膜炎后遗症——永久性的功能障碍
4.12 深度昏迷——不包括酗酒或药物滥用所致	4.12 深度昏迷——不包括酗酒或药物滥用所致
4.13 双耳失聪——永久不可逆 注：如果保险公司仅承担被保险人在某年龄之后的保障责任，须在副标题中注明。	4.13 双耳失聪——永久不可逆 注：如果保险公司仅承担被保险人在某年龄之后的保障责任，须在副标题中注明。
4.14 双目失明——永久不可逆 注：如果保险公司仅承担被保险人在某年龄之后的保障责任，须在副标题中注明。	4.14 双目失明——永久不可逆 注：如果保险公司仅承担被保险人在某年龄之后的保障责任，须在副标题中注明。
4.15 瘫痪——永久完全	4.15 瘫痪——永久完全
4.16 心脏瓣膜手术——须开胸手术	4.16 心脏瓣膜手术——须切开心脏手术
4.17 严重阿尔茨海默病——自主生活能力完全丧失 注：如果保险公司仅承担被保险人在某年龄之前的保障责任，须在副标题中注明。	4.17 严重阿尔茨海默病——严重认知功能障碍或自主生活能力完全丧失 注：如果保险公司仅承担被保险人在某年龄之前的保障责任，须在副标题中注明。

（续表）

2007 版《规范》	2020 版《规范》
4.18 严重脑损伤——永久性的功能障碍	4.18 严重脑损伤——永久性的功能障碍
4.19 严重帕金森病——自主生活能力完全丧失 注：如果保险公司仅承担被保险人在某年龄之前的保障责任，须在副标题中注明。	4.19 严重原发性帕金森病——自主生活能力完全丧失 注：如果保险公司仅承担被保险人在某年龄之前的保障责任，须在副标题中注明。
4.20 严重Ⅲ度烧伤——至少达体表面积的 20%	4.20 严重Ⅲ度烧伤——至少达体表面积的 20%
4.21 严重原发性肺动脉高压——有心力衰竭表现	4.21 严重特发性肺动脉高压——有心力衰竭表现
4.22 严重运动神经元病——自主生活能力完全丧失 注：如果保险公司仅承担被保险人在某年龄之前的保障责任，须在副标题中注明。	4.22 严重运动神经元病——自主生活能力完全丧失 注：如果保险公司仅承担被保险人在某年龄之前的保障责任，须在副标题中注明。
4.23 语言能力丧失——完全丧失且经积极治疗至少 12 个月 注：如果保险公司仅承担被保险人在某年龄之后的保障责任，须在副标题中注明	4.23 语言能力丧失——完全丧失且经积极治疗至少 12 个月 注：如果保险公司仅承担被保险人在某年龄之后的保障责任，须在副标题中注明
4.24 重型再生障碍性贫血	4.24 重型再生障碍性贫血
4.25 主动脉手术——须开胸或开腹手术	4.25 主动脉手术——须开胸（含胸腔镜下）或开腹（含腹腔镜下）手术
	4.26 严重慢性呼吸衰竭——永久不可逆
	4.27 严重克罗恩病——瘘管形成
	4.28 严重溃疡性结肠炎——须结肠切除或回肠造瘘术
	4.29 恶性肿瘤——轻度
	4.30 较轻急性心肌梗死
	4.31 轻度脑中风后遗症——永久性的功能障碍

4. 优化定义内涵，完善疾病定义范围

与2007版《规范》相比，2020版《规范》在病种定义部分更为准确，结合了最新的医疗临床实践，同时又考虑了理赔的实务操作。对于2007版《规范》中的25种重疾，恶性肿瘤、急性心肌梗塞和脑中风后遗症3种重疾定义做了轻重分级调整，另有8种疾病的定义范围有所扩展，7种疾病的定义进一步完善。涉及的具体病种见下表。

表2 疾病定义变化统计

	定义变化	疾病项目数量	病　种
原25种重疾	轻重分级	3	恶性肿瘤、急性心肌梗塞、脑中风后遗症
	定义范围扩展	8	重大器官移植术或造血干细胞移植术、冠状动脉搭桥术（或称冠状动脉旁路移植术）、良性脑肿瘤、脑炎后遗症或脑膜炎后遗症、心脏瓣膜手术、严重阿尔茨海默病、严重运动神经元病、主动脉手术
	定义完善	7	终末期肾病（或称慢性肾功能衰竭尿毒症期）、双耳失聪、瘫痪、严重脑损伤、严重帕金森病、严重原发性肺动脉高压、重型再生障碍性贫血
	未修订	7	多个肢体缺失、急性或亚急性重症肝炎、慢性肝功能衰竭失代偿期、深度昏迷、双目失明、严重Ⅲ度烧伤、语言能力丧失

以下摘取部分疾病定义进行比较并评价。

（1）恶性肿瘤[①]

版本	病种	定义
2007版	3.1.1 恶性肿瘤	指恶性细胞不受控制的进行性增长和扩散，浸润和破坏周围正常组织，可以经血管、淋巴管和体腔扩散转移到身体其他部位的疾病。经病理学检查结果明确诊断，临床诊断属于世界卫生组织《疾病和有关健康问题的国际统计分类》（ICD—10）的恶性肿瘤范畴 下列疾病不在保障范围内： （1）原位癌； （2）相当于Binet分期方案A期程度的慢性淋巴细胞白血病； （3）相当于Ann Arbor分期方案Ⅰ期程度的何杰金氏病； （4）皮肤癌（不包括恶性黑色素瘤及已发生转移的皮肤癌）； （5）TNM分期为T1N0M0期或更轻分期的前列腺癌（注）； （6）感染艾滋病病毒或患艾滋病期间所患恶性肿瘤。 注：如果为女性重大疾病保险，则不包括此项
2020版	3.1.1.1 恶性肿瘤——重度	指恶性细胞不受控制的进行性增长和扩散，浸润和破坏周围正常组织，可以经血管、淋巴管和体腔扩散转移到身体其他部位，病灶经组织病理学检查（涵盖骨髓病理学检查）结果明确诊断，临床诊断属于世界卫生组织（WHO，World Health Organization）《疾病和有关健康问题的国际统计分类》第十次修订版（ICD-10）的恶性肿瘤类别及《国际疾病分类肿瘤学专辑》第三版（ICD-O-3）的肿瘤形态学编码属于3、6、9（恶性肿瘤）范畴的疾病 下列疾病不属于“恶性肿瘤——重度”，不在保障范围内： （1）ICD-O-3肿瘤形态学编码属于0（良性肿瘤）、1（动态未定性肿瘤）、2（原位癌和非侵袭性癌）范畴的疾病，如： a. 原位癌，癌前病变，非浸润性癌，非侵袭性癌，肿瘤细胞未侵犯基底层，上皮内瘤变，细胞不典型性增生等；

① 注：为便于与2007版《规范》相对应，此处疾病名称采用2007版《规范》要求。

（续表）

版本	病种	定　义
2020 版	3.1.1.1 恶性肿瘤——重度	b. 交界性肿瘤，交界恶性肿瘤，肿瘤低度恶性潜能，潜在低度恶性肿瘤等； （2）TNM 分期为Ⅰ期或更轻分期的甲状腺癌； （3）TNM 分期为 T1N0M0 期或更轻分期的前列腺癌； （4）黑色素瘤以外的未发生淋巴结和远处转移的皮肤恶性肿瘤； （5）相当于 Binet 分期方案 A 期程度的慢性淋巴细胞白血病； （6）相当于 Ann Arbor 分期方案Ⅰ期程度的何杰金氏病； （7）未发生淋巴结和远处转移且 WHO 分级为 G1 级别（核分裂像 <10/50 HPF 和 ki-67 ≤ 2%）或更轻分级的神经内分泌肿瘤

在 2020 版《规范》中，由于分级体系的建立，恶性肿瘤的名称变更为“恶性肿瘤——重度”。定义内容对保障范围的限定更加严格，从原先主要依据《疾病和有关健康问题的国际统计分类》（ICD-10）转变成（ICD-10）及《国际疾病分类肿瘤学专辑》第三版（ICD-O-3）。此外，对“早期和良性”评判标准收紧：不再仅限于单个原位癌；ICD-O-3 在肿瘤形态学上也辅助了“早期和良性”肿瘤的筛除，TNM 分期为Ⅰ期或更轻分期的甲状腺癌被剔出重疾。

（2）急性心肌梗塞

版本	病种	定　义
2007 版	3.1.2 急性心肌梗塞	指因冠状动脉阻塞导致的相应区域供血不足造成部分心肌坏死。须满足下列至少三项条件： （1）典型临床表现，例如急性胸痛等； （2）新近的心电图改变提示急性心肌梗塞；

（续表）

版本	病种	定 义
2007 版	3.1.2 急性心肌梗塞	（3）心肌酶或肌钙蛋白有诊断意义的升高，或呈符合急性心肌梗塞的动态性变化； （4）发病 90 天后，经检查证实左心室功能降低，如左心室射血分数低于 50%。
2020 版	3.1.1.2 较重急性心肌梗死	急性心肌梗死指由于冠状动脉闭塞或梗阻引起部分心肌严重的持久性缺血造成急性心肌坏死。急性心肌梗死的诊断必须依据国际国内诊断标准，符合（1）检测到肌酸激酶同工酶（CK—MB）或肌钙蛋白（cTn）升高和 / 或降低的动态变化，至少一次达到或超过心肌梗死的临床诊断标准；（2）同时存在下列之一的证据，包括：缺血性胸痛症状、新发生的缺血性心电图改变、新生成的病理性 Q 波、影像学证据显示有新出现的心肌活性丧失或新出现局部室壁运动异常、冠脉造影证实存在冠状动脉血栓。 较重急性心肌梗死指依照上述标准被明确诊断为急性心肌梗死，并且必须同时满足下列至少一项条件： （1）心肌损伤标志物肌钙蛋白（cTn）升高，至少一次检测结果达到该检验正常参考值上限的 15 倍（含）以上； （2）肌酸激酶同工酶（CK-MB）升高，至少一次检测结果达到该检验正常参考值上限的 2 倍（含）以上； （3）出现左心室收缩功能下降，在确诊 6 周以后，检测左室射血分数（LVEF）低于 50%（不含）； （4）影像学检查证实存在新发的乳头肌功能失调或断裂引起的中度（含）以上的二尖瓣反流； （5）影像学检查证实存在新出现的室壁瘤； （6）出现室性心动过速、心室颤动或心源性休克。 其他非冠状动脉阻塞性疾病所引起的肌钙蛋白（cTn）升高不在保障范围内。

急性心肌梗塞的名称也发生较大变化，“梗塞”变更为“梗死”更加符合医学专业名词标准。保障范围的限定也更加严格，去除了模糊的临床表现评判标准；按照国际上 2018 年第四版心肌梗死通用定义进行修订，确诊时长也由 90 天变为 6 周。

（3）冠状动脉搭桥术（或称冠状动脉旁路移植术）

版本	病种	定　义
2007 版	3.1.5 冠状动脉搭桥术（或称冠状动脉旁路移植术）	指为治疗严重的冠心病，实际实施了开胸进行的冠状动脉血管旁路移植的手术。 冠状动脉支架植入术、心导管球囊扩张术、激光射频技术及其他非开胸的介入手术、腔镜手术不在保障范围内。
2020 版	3.1.1.5 冠状动脉搭桥术（或称冠状动脉旁路移植术）	指为治疗严重的冠心病，已经实施了切开心包进行的冠状动脉血管旁路移植的手术。 所有未切开心包的冠状动脉介入治疗不在保障范围内。

冠状动脉搭桥术的定义在 2020 版《规范》中更加宽松且与现代医学的发展相匹配。从医学角度看，冠状动脉搭桥术分为开胸手术与非开胸手术。非开胸手术即为“微创冠状动脉搭桥手术”[①]，该种手术方法不需要开胸，但是需要切开心包，也就是在 2007 版重疾定义中，如果患者使用了该治疗方法，理论上是无法达到理赔条件的。但对于患者而言微创手术更易被接受，新版规范定义的变化有效保障了消费者的权益。

① 注：通过肋间一个 5 至 10 厘米的切口进行，或通过胸壁打开几个小孔以置入特殊的手术器械于心包腔，不用劈开胸骨，减少了损伤以及术后感染的几率。

5. 疾病定义变化对发生率的影响

2020 版《规范》定义调整对疾病的发生率将产生一定的影响（见下表）[①]。

表 3　疾病定义对发生率影响

病种	调整	发生率影响
急性心肌梗死	要求肌钙蛋白达正常值 15 倍以上或肌酸激酶同工酶达正常值 2 倍以上，未达到为轻症	下降 2%—3%
重大器官移植术	增加小肠和自体造血干细胞移植	目前影响较小（远期发生率可能显著上升）
冠状动脉搭桥术	不要求开胸，仅需切开心包（扩充腔镜手术）	上涨 10%—20%
心脏瓣膜术	不要求开胸，仅需切开心脏（扩充腔镜手术）	上涨 10%—20%
主动脉手术	扩充腔镜手术	上涨 10%—20%
脑炎后遗症 阿尔茨海默病	严重失智纳入可选给付条件	影响较小（但失智鉴定存在风险）

（二）2020 版《规范》与公开征求意见稿的差异

在正式的规范发布之前，中保协与中医协先对外发布了征求意见稿，我们可以从征求意见稿到终稿中看到一些关于定义制定的变化。正式《规范》与之前发布的公开征求意见稿相比，二者实质差异不大，但在定义细

① 数据来源：中国精算师协会重疾表培训资料。

节上做了一些优化。

总结有以下三点变化值得注意。

1. 去掉对病种重叠和发病率极低病种需要标注的要求

征求意见稿中提出了“在同一重大疾病保险产品中不得含有保障范围高度重叠的疾病”和“如果新增疾病发病率极低，需在疾病名称中增加标注向消费者予以提示”，正式稿中改为“根据市场需求和经验数据，各保险公司可以在其重大疾病保险产品中增加本规范疾病范围以外的其他疾病，并合理制定相关定义”，这就改回了2007版定义的要求。这个修订点是前两次征求意见稿[①]的一个要点，但是最终没有被采纳，一方面是因为实际操作层面存在困难，另一方面有些从业者会以此作为炒作噱头，例如宣扬“不少疾病将被剔除”。

2. 轻度脑中风后遗症定义改回第一版征求意见稿

征求意见稿中对轻度脑中风后遗症没有确诊180天后的要求，显得此项轻症定义非常的宽松，正式版重新加入“在疾病确诊180天后，仍遗留下列至少一种障碍”，这是把公开征求意见稿的一个重要变化取消了。

3. 疾病名称更加准确

其他值得点评的修订是名字的变化，其对定义没有影响，只是把疾病的名字改得更准确。该项修订一共涉及以下几种疾病见表4。

① 指2020年3月31日中保协发布《重大疾病保险的疾病定义使用规范修订版（征求意见稿）》；同年6月1日，中保协和中医协联合发布《重大疾病保险的疾病定义使用规范修订版（公开征求意见稿）》。

表 4　2007—2020 年疾病定义规范中 5 种疾病名称的差异

2007 版《规范》	《重大疾病保险的疾病定义使用规范修订版（征求意见稿）》	《重大疾病保险的疾病定义使用规范修订版（公开征求意见稿）》	《重大疾病保险的疾病定义使用规范（2020 年修订版）》
恶性肿瘤	严重恶性肿瘤	严重恶性肿瘤	恶性肿瘤——重度
终末期肾病（或称慢性肾功能衰竭尿毒症期）	严重慢性肾脏病	严重慢性肾功能衰竭	严重慢性肾衰竭
良性脑肿瘤	严重良性颅内肿瘤	严重良性颅内肿瘤	严重非恶性颅内肿瘤
慢性肝功能衰竭失代偿期	慢性肝功能衰竭失代偿期	慢性肝功能衰竭失代偿期	严重慢性肝衰竭
（无）	轻度恶性肿瘤	轻度恶性肿瘤	恶性肿瘤——轻度

二、重疾发生率解读

（一）新版《重疾表》修订解读

基于 2020 版《规范》，中国精算师协会于 2020 年 11 月 5 日发布了新版《重疾表》。新版《重疾表》摘录了 160 种疾病，共梳理了约 2900 款疾病保险产品的条款，收集了约 4 亿条承保数据、587 万条理赔数据，覆盖自重疾产品问世至 2018 年底 20 余年的全部历史数据。首次实现数据涵盖全部人身险公司，形成了结构化、多层次的经验分析指标与分析维度。

新版《重疾表》的发布对于服务金融供给侧改革、推动保险业回归保障本源、加强保险业基础设施建设、保护消费者权益等多方面都具有十分重要的意义，是推动粤港澳大湾区建设、“健康中国 2030”、推进养老服务发展等战略部署的重要举措，在推动保险业高质量发展、坚持长期稳健经营、保护消费者权益等方面具有十分重要的意义。

下文将新版《重疾表》与《中国人身保险业重大疾病经验发生率表（2006—2010）》（以下简称旧版《重疾表》）进行对比分析。

1. 2 套重疾表扩增为 10 套重疾表

①CI1，CI2 是 2007 版《规范》定义下 6 种核心必保重疾和 25 种标准重疾的经验发生率表。这 2 套表主要是为了评估过往签发保单的准备金。

② CI3，CI4 是 2020 版《规范》定义下 6 种核心必保重疾和 28 种标准重疾的经验发生率表。CI7，CI8，CI9 和 CI10 分别是 2020 版《规范》定义下的恶性肿瘤——重度、较重急性心肌梗死、严重脑中风后遗症和严重阿尔茨海默病及严重原发性帕金森病的经验发生率表。这 6 套表主要是为以后的新产品定价提供行业标准，并作为评估用表。

③ CI5，CI6 较为特殊，分别是大湾区产品专属的 2020 版《规范》定义下 6 种核心必保重疾和 28 种标准重疾的经验发生率表。这 2 套表主要是为了大湾区区域性保险的定价和评估。

2. 新旧表的经验发生率互有上下，对准备金评估影响有限

新版《重疾表》对旧版《重疾表》在 2007 版《规范》定义下的 6 种

核心必保重疾的经验发生率有升有降，形态变化很大，具体见图 1。

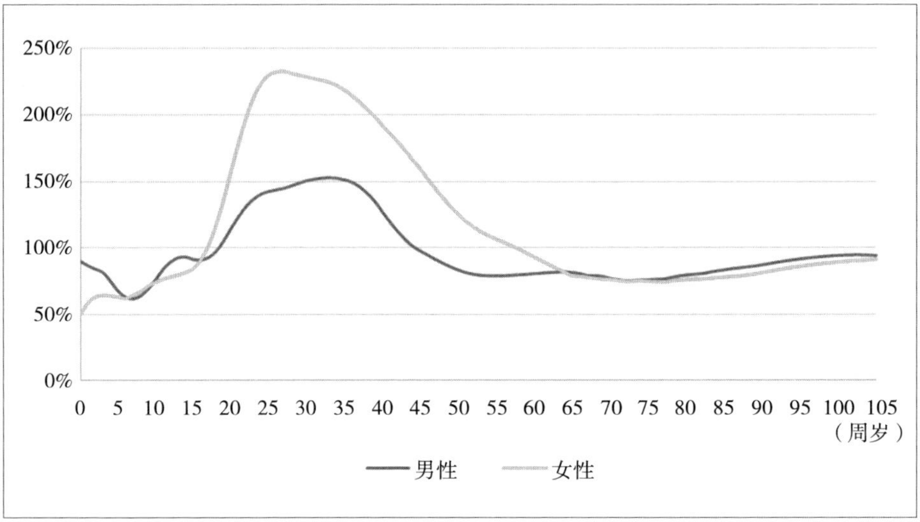

图 1　2007 版定义 6 种核心必保重疾经验发生率（ix）对比（比值：新表 / 旧表）

由图 1，新版《重疾表》下女性 17 周岁至 57 周岁的 6 种核心必保重疾的经验发生率均高于旧版《重疾表》，特别地，在 20 周岁至 46 周岁的上涨甚至超过了 150%；新版《重疾表》下男性 19 周岁至 44 周岁的 6 种核心必保重疾的经验发生率也高于旧版《重疾表》，但是相比于女性来说，上升幅度较小。总体来看，低年龄段和高年龄段的发生率有所下降。

而新版《重疾表》对旧版《重疾表》在 2007 版《规范》定义下的 25 种标准重疾的经验发生率也是有升有降，形态变化和 6 种核心必保重疾相类似，但变化幅度较小，具体见图 2。

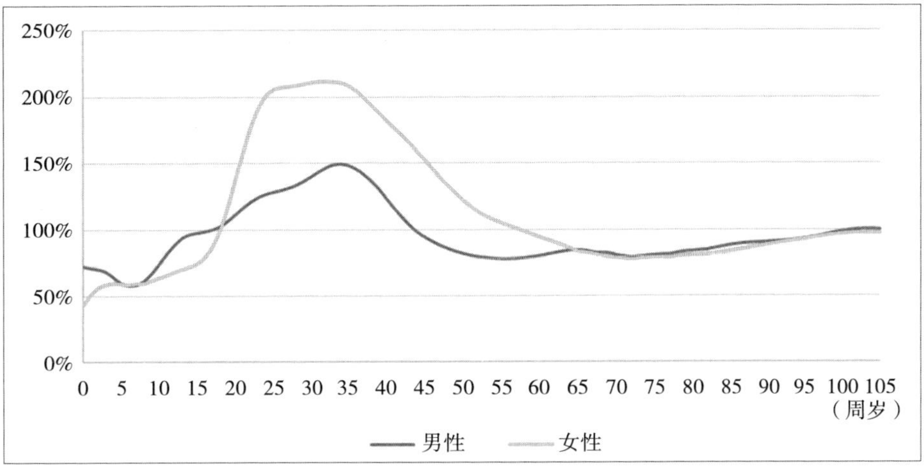

图 2　2007 版定义 25 种标准重疾经验发生率（ix）对比（比值：新表 / 旧表）

从图 2 中可以看到，25 种重疾的发生率情况也是在低年龄段和高年龄段发生率有所下降，在中间年龄段则是发生率明显上升。

3. 2020 版重疾新定义下，疾病发生率整体有所下降

根据 2020 版《规范》定义，6 种重度疾病包括恶性肿瘤——重度、较重急性心肌梗死、严重脑中风后遗症、重大器官移植术或造血干细胞移植术、冠状动脉搭桥术（或称冠状动脉旁路移植术）和严重慢性肾衰竭。

与现行旧版《重疾表》的老定义相比，新定义的一个重要变化是癌症分级给付。男性的发生率均都低于老定义，多数年龄段在 70%—90% 这个区间。女性发生率模式与男性大致相当，但是女性在 35—47 周岁新定义的发生率略高于老定义下的发生率，估计即使甲状腺癌分级了，女性的两癌发生率还是明显提高的，所以这个阶段的发生率没有下降。但总体而言，从定价的角度，6 种疾病发生率是有所下降的。具体见图 3。

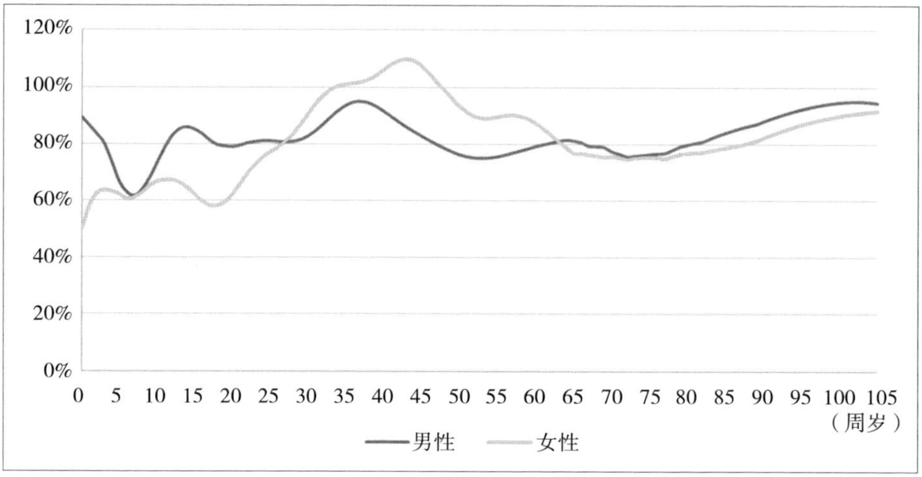

图 3　2020 版定义 6 种核心必保重疾经验发生率（ix）对比（比值：新表 / 旧表）

若均基于 2020 年新重疾表来看，新定义下发生率在低年龄段和高年龄段比较接近，中间年龄段则是新定义明显低于老定义，见图 4。

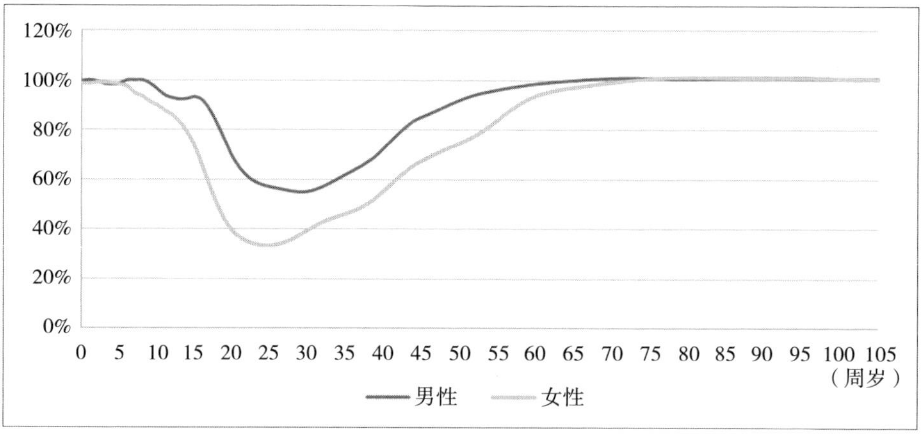

图 4　6 种核心必保重疾经验发生率（ix）对比（比值：新定义 / 旧定义）

而在 28 种标准重疾与 25 种标准重疾方面，28 种重疾的新定义和 25 种重疾老定义相比，低年龄段有明显下降，20 岁以上的年龄段新定义的发生率基本在老定义的 80%—100% 这个范围内。见图 5。

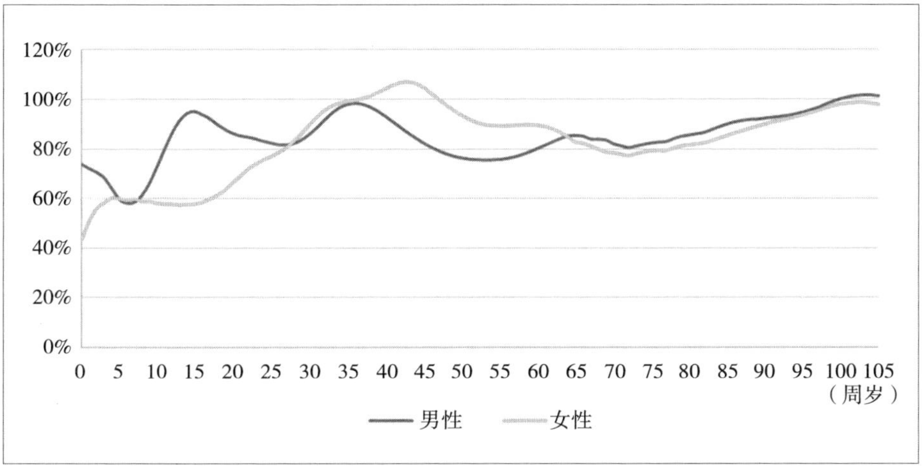

图 5　25 种、28 种标准重疾经验发生率（ix）对比（比值：新表 / 旧表）

如果是从 2020 年新重疾表的新定义和老定义相比来看，低年龄段和高年龄段相对比较接近，在中间年龄段则是明显下降。见图 6。

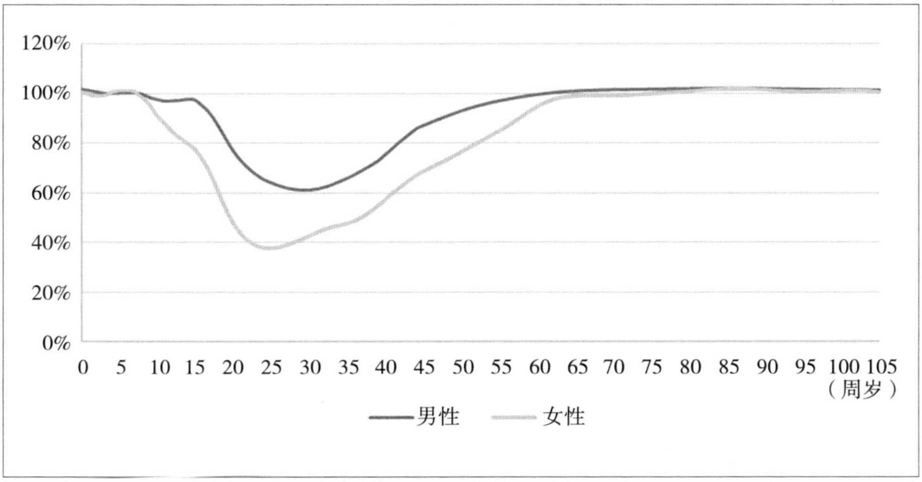

图 6　2020 版 25 种、28 种标准重疾经验发生率（ix）对比（比值：新定义 / 旧定义）

4. 粤港澳大湾区产品专属多病种重疾表

新版《重疾表》与旧版《重疾表》的另一大变化就在于新增了粤港澳大湾区多病种重疾表。本次修订首次编制形成了 2020 版定义规范下的粤港澳大湾区病种合计经验发生率专属参考表，这是中国银保监会、中国精算师协会贯彻落实党中央、国务院关于粤港澳大湾区建设决策部署的重要举措，对粤港澳大湾区保险业供给侧结构性改革和创新开发大湾区专属保险产品具有重要作用。

在新版《重疾表》中，2020 版《规范》下大湾区的 6 种核心必保重疾的平均经验发生率大致为一般地区的 92.49%（男性）和 93.57%（女性）；大湾区的 28 种标准重疾的平均经验发生率大致为一般地区的 89.90%（男性）和 92.65%（女性），具体见图 7 和图 8。

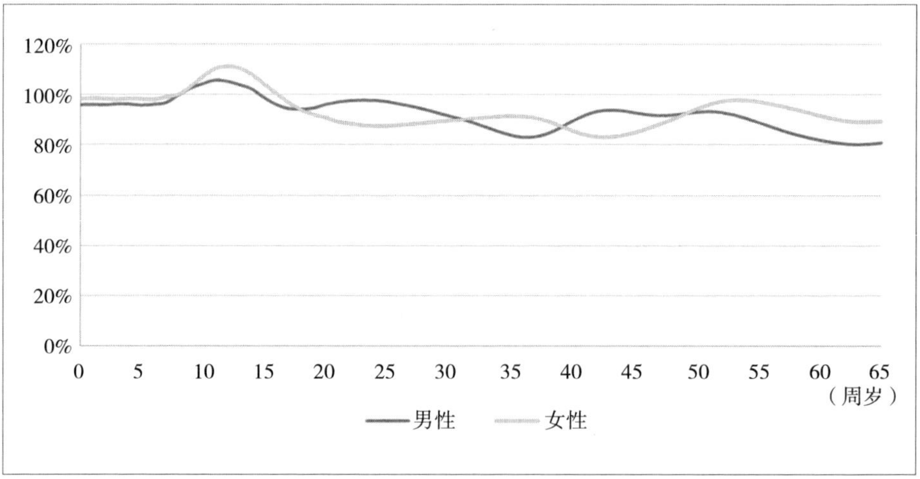

图 7　2020 版定义 6 种核心必保重疾经验发生率（ix）对比

（比值：粤港澳 / 一般地区）

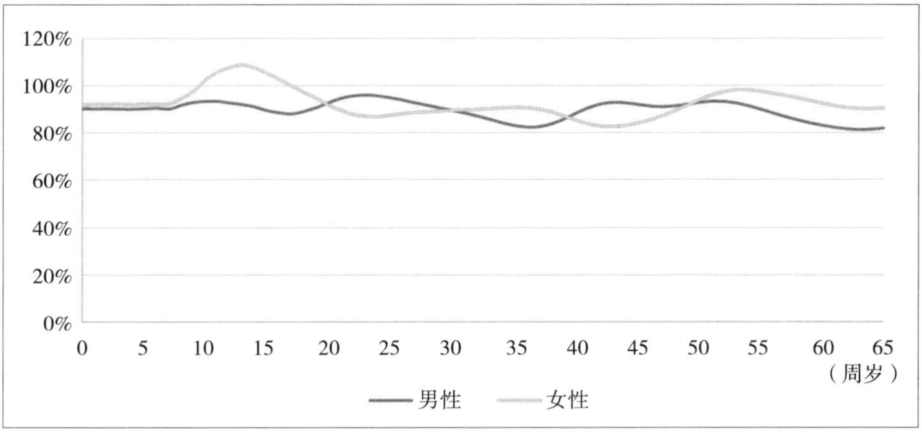

图 8　2020 版定义 28 种标准重疾经验发生率（ix）对比（比值：粤港澳 / 一般地区）

从图 7 和图 8 中可以看出，粤港澳大湾区产品专属的 6 种重疾和 28 种重疾的发生率基本均低于相应的全国重疾发生率。这意味着，粤港澳大湾区专属重疾险产品在新重疾表指导下，通过采用区别定价，将拥有更加便宜的价格。2020 年 11 月 12 日，银保监会向广东银保监局、深圳银保监局及各人身保险公司下发《关于推进粤港澳大湾区人身保险产品有关工作的通知》，鼓励和支持保险产品创新，切实服务保障民生。此次大湾区专属重疾经验表和配套监管的出台，将有利于大湾区健康保险市场的高质量协调发展，同时有效提升内地险企产品的竞争力。

5. 恶性肿瘤发生率变化不大

2020 版《规范》中“恶性肿瘤”的发生率剔除了轻症甲状腺癌，与 2007 版《规范》的定义下的发生率相比，男性的经验发生率并无太大改变，而女性的变化则较大，其以 28 周岁为分水岭——经验发生率在此及之前变小，之后变大。新旧两版《重疾表》关于“恶性肿瘤”的经验发生率对比具体见图 9。

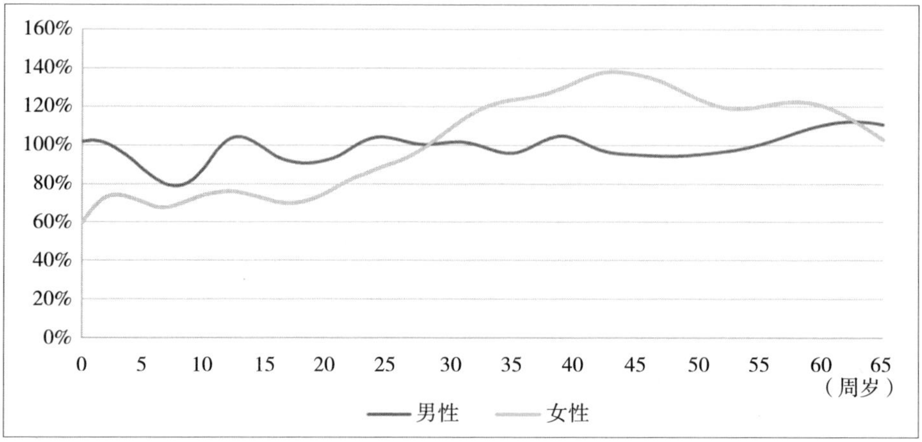

图 9　恶性肿瘤经验发生率对比（比值：新表 / 旧表）

6. 新增老年人重疾经验发生率，助力老年重疾险发展

本次新版《重疾表》首次编制了 2020 版定义规范下的两种老年人代表性重疾经验发生率参考表，分别是“严重阿尔茨海默病”表和“严重原发性帕金森病”表，开创了专门针对老年重疾经验发生率研究分析的先河，对老年人专属保险产品的创新和供给具有重要意义。

同时，新版《重疾表》的 6 种核心必保重疾和“恶性肿瘤”的经验发生率表最高年龄从旧版的 65 周岁扩展到了 105 周岁。高年龄段的疾病经验发生率数据可以为老年防癌险及老年 6 种核心必保重疾险等保险产品定价提供有力依据。

图 10 展示的是新版《重疾表》中“严重阿尔茨海默病”及“严重原发性帕金森病”占 28 种标准重疾经验发生率的比例。可以看到，随着年龄的升高，疾病的发病率也不断升高。

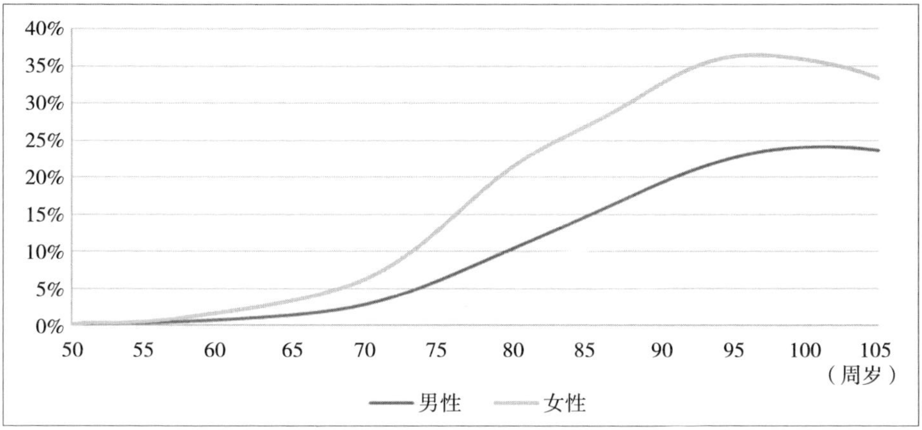

图 10　严重阿尔茨海默病及严重原发性帕金森病与 28 种标准重疾经验发生率对比

7. 保险人群轻症占比远高于人群的甲状腺癌占比

最后，我们将新版《重疾表》中 3 个标准轻症在 28 种标准重疾的占比与人群中甲状腺癌比例[①]进行对比分析，具体见图 11 和图 12。

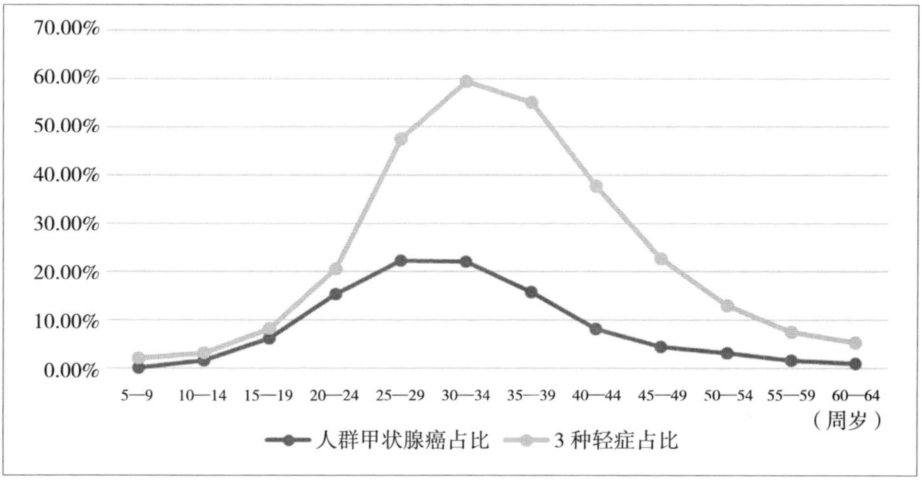

图 11　男性人群甲状腺癌占比与 3 种标准轻症占比

① 数据来源：《2018 中国肿瘤登记年报》。

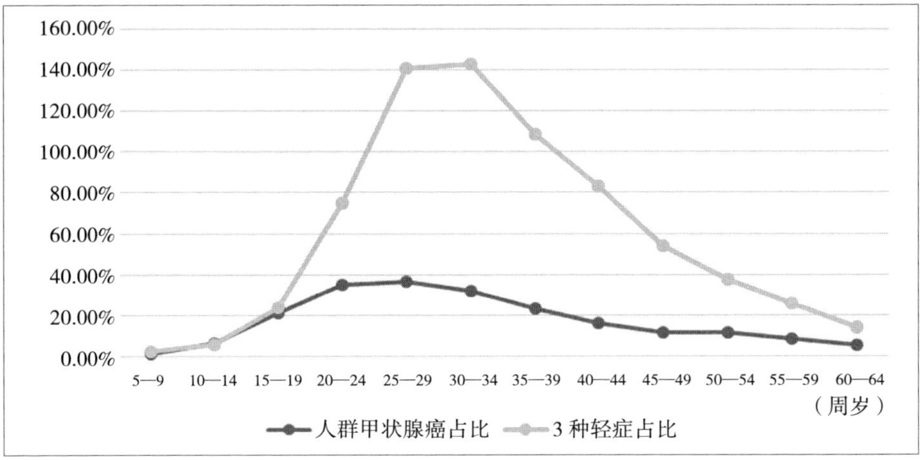

图 12　女性人群甲状腺癌占比与 3 种标准轻症占比

从对比结果看到，3 个标准轻症的发病率占比远高于人群中甲状腺癌在癌症中的比例。这从侧面说明了以甲状腺癌为首的轻症在某种程度上具有一定的逆选择。

（二）历史重疾经验发生率数据分析①

1. 重疾发生率具有显著逆选择现象

根据本次制表过程中的经验数据，重疾发生率具有普遍的逆选择现象，重疾险首个保单年度发生率显著高于后续保单年。其中，第 1 个保单年重疾发生率为整体的 111%；第 2 个保单年通常为逆选择释放后的低谷，重疾发生率为整体的 95%；第 3 个保单年后发生率基本与整体持平。从具体病种来看，甲状腺癌的逆选择现象明显，第 1 个保单年发生率水平为整体的 130%。

① 本节数据来源：中国精算师协会重疾表培训资料。

2. 不同性别和年龄段的疾病恶化率存在差异

不同性别和年龄段的疾病谱不同，而不同疾病恶化率也不同。具体来说，在 0—19 岁疾病发生率略微改善，男性疾病在 20—29 岁恶化速度最快，达到 6.6%/ 年，随年龄升高恶化速度放缓，60—69 岁基本无恶化。而女性疾病在 20—29 岁、30—39 岁、40—49 岁恶化速度都很快（分别是 12.0%/ 年，8.6%/ 年和 6.0%/ 年），随年龄升高恶化速度也逐渐放缓，60—69 岁基本无恶化。

从疾病角度来看，男性群体的重疾整体恶化达到 2.2%/ 年，其中心梗恶化速度最快为 5.4%/ 年；癌症恶化为 3.0%/ 年，中风改善为 –3.9%/ 年，其他重疾基本稳定。对于女性来说，重疾整体恶化高达 5.7%/ 年，其中癌症恶化速度最快为 7.5%/ 年，心梗恶化 2.4%/ 年，中风改善为 –5.8%/ 年，其他重疾改善为 –4.0%/ 年。

从癌症病种来看，男性的甲状腺癌恶化速度为 17.3%/ 年，生殖系统癌、肠癌和肺癌的恶化速度分别为 8.0%/ 年、4.5%/ 年和 37.0%/ 年。而女性的甲状腺癌恶化速度为 16.8%/ 年，肺癌和乳腺癌的恶化速度分别为 16.5%/ 年和 4.8%/ 年。但也存在重疾改善情况，如胃与食道癌、肝癌在男性中的恶化速度为 –4.4%/ 年、–2.9%/ 年，在女性中也达到 –2.1%/ 年、–1.1%/ 年。

上述癌症病种在不同性别中的恶化速度差异一定程度上来自于其在不同年龄与性别中的发生率差异。如甲状腺癌于中青年高发，男性峰值为 25—29 岁（48%），女性峰值为 20—24 岁（62%）；乳腺癌于女性中老年高发，峰值为 45—49 岁（29%）；脑 / 骨 / 血 / 淋巴癌则于少儿高发，其中男性占 70%—85%，女性占 60%—80%。

3. 行业重疾发生率与人口数据验证良好，呈现一些明显行业特点

大部分行业癌症发病率与人口水平基本一致，并且趋势稳定，特别是行业男性分部位癌症结构与女性除生殖相关癌症和肺癌外分部位癌症结构与人口高度相似。其他主力病种由于定义差异，行业发生率低于人口发生率，但也未出现不合理现象。

但部分疾病发生率也呈现出一些明显的行业特点。行业甲状腺癌发病率显著高于人口（2.4 倍），并且上升趋势明显，年均增长率达 16%—17%，而人口年均增长率仅为 13%—14%。行业女性生殖相关癌症（乳腺、子宫、宫颈等）发病率显著高于人口（1.5 倍），但是趋势较平稳。男性严重心肌梗死发病率低于人口缺血性心肌梗死发病率，近 5 年趋势较为平稳。行业脑中风后遗症发病率近年呈现小幅下降趋势。

三、重疾新定义及新发生率修订的影响

自 2007 年首次推出重疾标准定义以来，消费者对重疾保险的认识程度有了显著的提升，消费者的权益也得到有效的保障。新定义的颁布主要基于两个考虑：第一，随着医学临床诊断和医疗技术的不断进步，一些定义和现行的临床诊断以及医疗技术判断存在差异，为了更好地与现行的实践相结合，需要将以前重疾保险中的规范定义统一进行完善和修订，更好地平衡保险市场中生产者和消费者的权益。第二，如今市场变化迅速，保险市场上已经出现的重疾险中，保障的重症平均已经达到 100 多种，轻症

平均40种，因此为了适应当前市场的要求，2020版《规范》将“25种重疾”扩展至“28种重疾+3种轻症”。但我们认为现在的28种标准定义还远远不能满足市场需求，当前仅推出28种疾病一方面是由于其他疾病定义的烦琐程度[①]，另一方面是为了配合新的重疾表，对于超出28种定义的疾病发病率的经验数据太少，不能合理制定行业发病率表。

虽然早在2007年标准重疾的定义就已经发布，但是行业经验表却仍然缺席。直到2013年，中国精算师协会在原保监会的指导下组织行业首次编制了《中国人身保险业重大疾病经验发生率表（2006—2010）》，为行业重疾的发展打造了良好的数据基础。此后由于重疾市场发展迅速，市场变化日新月异，本次重疾表编制间隔时间有所缩短。新版《重疾表》的推出，为新重疾定义的落地实施提供了有力的保障，也体现了保险行业助力国家粤港澳大湾区政策和深化健康保险供给侧改革的努力。我们预期大湾区专属保险产品将成为行业热点之一，同时也期待区域差异化定价、跨境保险为中国保险市场带来更多的创新活力。

重疾新定义和新发生率的颁布，无疑是重疾险开发的新契机。在此背景下，新的重疾险产品责任会有相应的变动，费率也会做出一定调整。一方面，由于甲状腺癌从严重恶性肿瘤中被拿掉，显著降低了新重疾的发生率，但新的轻症发生率远高于之前的市场报价。如果提供轻症提前给付，这部分责任成本会大幅增加。所以总体来说，保险产品的责任风险和价格

① 爱选科技在深度学习2020版《规范》的基础上，结合爱选病种库，对没有标准化定义的病种进行定义规范化的尝试，形成《中国保险行业重大疾病保险产品病种研究报告——2021》（通过“爱选科技”公众号即可获得全文下载链接）。

一定要相匹配。另一方面，产品价格的高低不仅取决于产品责任设计的差异，还与各保险公司的定价策略高度相关。当前，部分保险公司的重疾险产品，特别是网销产品的价格已经非常激进，据悉不少公司在用 80% 的老重疾表定价，而这个比例已经比新表的行业发生率低。而且，从发生率表中可以看到，这几年疾病的恶化情况确实很严重，之前很难想象时隔不到 10 年，两个重疾表的形态就会有如此大的变化，如果未来还会有什么医学进步，是不是会带来同样的影响。这也是为什么在偿付能力准备金计算中，要求体现 2% 的重疾恶化因子。由此看来，激进的保险公司虽然当前靠低价获得了市场，但是累积的长期重疾风险不容忽视，因此尽管重疾发生率有所调整，但出于风险考虑，再保险公司，特别是外资再保险公司当前的重疾报价已经比较保守，重疾险产品降价也比较难。

同时我们认为，这次定义的修改会带来再保市场报价的改变，报价将更注重公司的实际经营经验，如果想得到更低的报价，需要提供详细的过往经验，来证明公司在运营和风控上更具优势，这样的变化使得保险业能够更加正向循环发展，也是成熟市场的一个发展方向。未来只有对风险经营较好的公司才能获得更好的报价，继而开发更便宜的保险产品，吸引更多优质的客户。

此外，"保险 + 服务"已经成为市场的大趋势。自 2019 年 12 月 1 日起新版《健康保险管理办法》开始施行，鼓励"保险公司可以将健康保险产品与健康管理服务相结合，提供健康风险评估和干预、疾病预防、健康体检、健康咨询、健康维护、慢性病管理、养生保健等服务，降低健康风险，减少疾病损失。"在需求方面，保险消费者已经不满足保险的经济补偿功能，更希望保险也包含便捷、有效的健康管理服务等。在供给方面，目前的产品创新大多为责任的叠加与累积，市场已呈现疲态，保险公司也开始关注“互动式保单”的探索与研究。实际上，将保险与服务相结合是需要强大的技术支持并存在壁垒的。真正的“服务”不仅可以切实为消费者提供利益，还可以良性地反馈到产品本身，达到风险控制与产品持续迭代创新的目的。

后　记

《2021中国人身保险产品研究报告》业已成功出版，这是我们发布的第四本同系列报告。自2018年起，中国财富网坚持发布月度与季度榜单，并出版年度报告，这不仅得到了保险界业内人士的积极反馈，而且受到了保险消费者、保险专业在校学生的广泛关注，促进了保险业的可持续发展，在推动保险知识普及与消费者风险保障意识提升等方面起到了重要作用。

今年报告包含一个总报告、六个分报告和五个专题报告，覆盖各类人身险险种，通过为保险产品“卸妆”帮助消费者有效甄别、选择适合自身的保险产品，同时助力保险企业更好地追踪市场动态变化。报告延续往期传统，采用统计分析、计量建模等研究方法，新增了评估方面的内容。不断提高专业素养，积极发布研究报告，更好地服务业界和社会，是我们身为专业财经媒体的职责所在。

习近平总书记多次强调要完善覆盖全民的社会保障体系，促进社会保障事业高质量发展、可持续发展。商业保险作为社会保障体系的重要支柱之一，其风险保障功能是推动我国社会稳定的强大基石，更是促进共同富裕的重要机制。迈向新征程，保险业大有可为，大有作为。

沧桑百年，中华大地“换了人间”，保险行业在跌宕起伏中不断奋进，始终赓续着为消费者服务的价值理念，既要不断满足消费者多样化的保障需求，也要积极保护好消费者的合法权益。本系列报告矢志不渝坚持消费者立场，亦是我们守正创新给中国保险业的一份真诚献礼。

在此特别感谢各位同仁为报告奉献的心血与智慧。

我们将继续秉承全面、客观、公正的原则，在保险业与消费者之间架起沟通的桥梁，为中国保险业健康发展贡献力量。

中国财富网

2021 年 10 月 13 日